扫码免费试听

全书音频(带目录)
请扫码购买

中华经典诵读 选本

主编 屈哨兵

编委会成员 纪德君 杜玉俭 屈哨兵 吴晟 曾大兴 和丹丹

高等教育出版社·北京

国家语委“十三五”科研规划重大项目
“中华优秀传统文化的教材建设与传承实践验证研究”
（ZDA135-5）的阶段性成果

序言

这部《中华经典诵读选本》，是广州大学经典诵读工程中给大学生们提供的一个选本。早在十年前，广州大学已广泛开展了中华经典诵读活动。在过去的这些年间，经典教育逐渐得到各级教育机构更加充分的重视，广州大学也不例外，相关工作也取得了一定成绩。2018年，广州大学的传承中华优秀传统文化的教育教学实践成果，还获得了教育部教学成果二等奖。进入新时代后，面对新的任务和挑战，我们觉得有必要对原有的选本进行增删修改，使阅读经典尤其是诵读经典能够更符合我们的人才培养目标。具体说来，有以下三个方面的原因：

第一，基于大学的责任。

我们都知道，在当下教育体系中，在中小学的分科教学和大学的分专业培养框架下，我们的学生接受培养后的“定制性”特征比较鲜明，从某种意义上讲这种基于专业分科的定制，对于我们社会发展所需要的专门人才是必不可少的，我们的教育方针的落脚点是培养社会主义建设者和接班人，就必须要有这方面的培育准备。但光有这个不行，因为在我们的教育方针中还要求把我们的学生培养成德智体美劳全面发展的人，这就需要我们在专业分科的基础上必须有更多的教育投入，能使我们的学生成为全面发展的人。人的全面发展是人的自由发展的必然要求，这也是马克思主义关于人的解放的一个基本观点。这个全面发展离不开经典教育，它能够使我们不忘本来。

大学的基本功能中有一条就是传承文明，环观世界，对国家社会发展有使命自觉的大学，在这一点上概莫能外。作为国民完整地接受教育的最后一站，大学应该担负起的一个责任，就是必须有一些办法使我们的学生在他们踏入社会前的最后一刻能够具备更多的一些不忘本来的素养。我们认为，获得这种素养的一种最基本路径就是阅读经典，尤其是进行经典诵读。当然，我们也知道经典浩如烟海，让我们的学生做皓首穷经的阅读者不太可能，但在这最后一站能够让同学们对过去十几年来经典诗文的学习进行一点“归拢”，然后再有那么一点“加码”，完全是有这个可能的。这就是我们之所以要进行经典诵读的原因。经典诵读不只是“读”，还要“诵”，这里的“诵”有两个含义，一个是指朗诵，还一个是指记诵。我们希望我们的学生在离开这个学校的时候，至少有百篇左右的诗书在腹。如此这般，于大学而言，是尽到了应有的责任；于学生而言，是多获得了一些全面自由发展所应具有的文化素养。

第二，基于时代的要求。

党的十八大以来，习近平总书记在多个场合多次强调对中华优秀传统文化的创造性转化和创新性发展。十九大报告中，创造性转化和创新性发展作为我党我国的重大文化方针得到了进一步确立。这是我们在中国特色社会主义建设进入新时代如何坚定文化自信的一种必然要求。中共中央办公厅和国务院办公厅印发《关于实施中华优秀传统文化传承发展工程的意见》后，教育部、国家语委对中华优秀文化传承发展也进一步加大了相关工作力度，这些在社会各界引起了强烈反响。这可以从教育部部长陈宝生在全国两会期间答记者问中看出来，也可以从中央电视台的汉字听写大会和中华诗词大会的火爆中看出来，更可以从重新编辑出版的国家中小学课文中大幅度增加古典诗文的学习要求中看出来。

2014年，习近平总书记在巴黎联合国教科文组织总部发表演讲时说要让收藏在博物馆里的文物、陈列在广阔大地上的遗产、书写在古籍里的文字都活起来。我们进行中华经典诵读所做的就是要让“书写在古籍里的文字活起来”的事情。如何才能让这些承载着中华优秀传统文化的智慧和精神活起来？诵读经典、体认经典，用经典滋养我们的心灵，用经典守护我们的灵魂就显得特别重要。在这个活化过程中，我们特别强调体认，强调诵读经典的过程与我们的学习过程同步，与我们的生活过程同步，与我们的成长过程同步。我们可以利用碎片化时间在手机网络终端上泛读，也可以在教室和学习空间里自读，还可以在课堂上讲授经典作品中跟读，更可以在班团校园文化活动中互读。我们希望在这样的诵读过程中，中国特色社会主义核心价值观的经典文化因子能春风化雨，悄然入心，中国特色社会主义事业接班人的文化自信能够多一份坚定。

第三，基于未来的挑战。

以色列人尤瓦尔·赫拉利在《未来简史》和《今日简史》中有一个被他经常强调的概念叫做“神人”，他认为我们现在所处的阶段应该叫做智人阶段，但随着当今科技文明的发展，人类社会的发展极有可能会进入一个“神人”阶段。所谓“神人”，不是指宗教意义上的神，而是指一批掌握了信息技术“算法”的人，这些人或者可以超越生命极限，成为主宰世界的人。尤瓦尔·赫拉利还打了一个比方，说今后只有能够主宰自己同时也能主宰别人的人才有可能挤上人类列车第一节车厢，其他的人作为“无用的人”将会在其他车厢。

尤瓦尔的预言是否准确，我们无法置评，有可能这样的观点是十分偏激的。但是，他提出了一个问题，面对飞速发展的当代社会，恐怕确实是进入了“未来已来”的时代。不管是作为一个国家还是作为国家中的一个个体，如果我们不跟上这个时代，或者说我们没有登上尤瓦尔引用的那个人类列车比喻中的“第一节车厢”，我们倒真有可能成为“无用的人”。如果我们要成为有用的人，那我们就得有所准备。十九大报告中提出全面建成小康社会一个都不能少，推而广之，我想在我国建设社会主义现代化强国征程上，以人民为中心是我们不变的初心，一个都不能少肯定是题中应有之义。我们每一个人都是学校培育出来的，如果我们要使他们未来在社会发展过程中不至于掉队，那我们就应该给他们足够的能力和素养，使他们能够成为有用之才。或者我们可以这样发问，作为学校，尤其是大学，我们所给予学生的，能够支撑他们走多远呢？或者他们获得的知识，能够支持他们走十年？他们获得的能力，能支持他们走二十年？那二十年之后呢，什么东西能够支持我们的学生在未来之路上走得更远更久一些？我认为就是素质与素养。素质与素养多种多样，在这里面我认为极其重要的一种就是能给他们带来文化自信的经典素养，这就是我们为什么建议大学生们进行经典诵读的原因。广州大学的人才培养目标总共有六句话，即“德才兼备，家国情怀，视野开阔，爱体育、懂艺术，能力发展性强”。如果要加以对应的话，经典阅读与诵读应该和其中好几个培养目标的达成都有着这样那样的关联，我们有充分的理由相信这种目标的达成能够在今后的实践行动中得到验证。

是为序。

屈哨兵

2018 年 11 月 4 日于广州

目 录

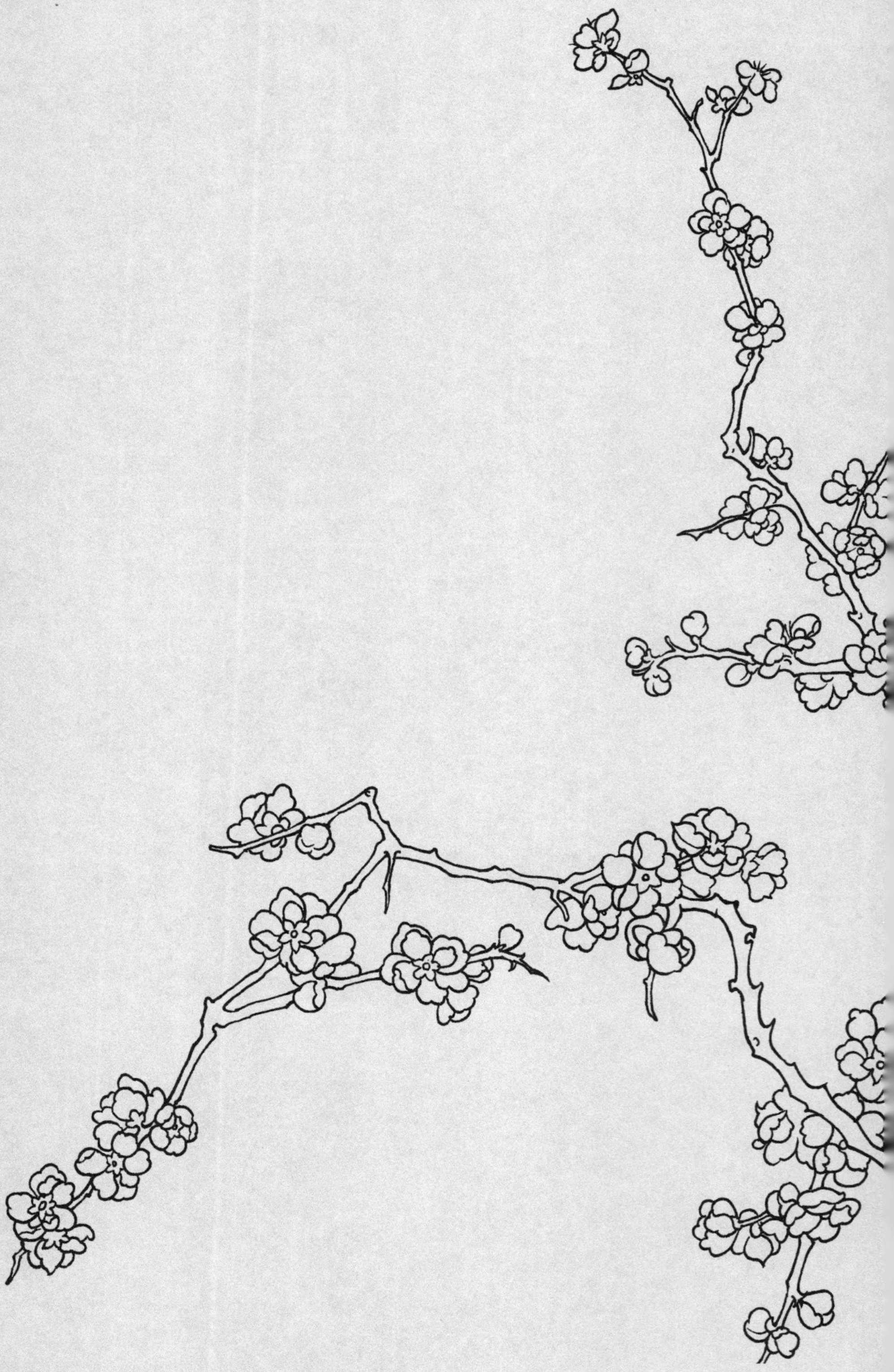

一、诗

诗 经

《诗经》是我国古代第一部诗歌总集，包括西周初期（公元前11世纪）至春秋中叶（公元前6世纪）大约五百年间的作品，现存305篇。它原称《诗》或《诗三百》，自汉儒尊《诗》为经后始称《诗经》。内容上（或音乐上）分为风、雅、颂三大类，艺术上运用赋比兴手法、联章复沓的章法和四言为主的句式。语汇丰富，韵律和谐。《诗经》对后世文学产生了深远影响。

关 雎

关关雎鸠[1]，在河之洲。
窈窕淑女[2]，君子好逑[3]。
参差荇菜[4]，左右流之[5]。
窈窕淑女，寤寐求之[6]。
求之不得，寤寐思服[7]。
悠哉悠哉，辗转反侧。
参差荇菜，左右采之。
窈窕淑女，琴瑟友之。
参差荇菜，左右芼之[8]。
窈窕淑女，钟鼓乐之。

【注释】

[1] 关关：鸟鸣声。雎鸠（jū jiū）：鸟名，或谓鱼鹰。

[2] 窈窕：美貌。淑女：贤良美好的女子。

[3] 好（hǎo）逑：好的配偶。

[4] 荇（xìng）菜：水生植物，可食用。

[5] 流：求取。

[6] 寤寐：醒来为寤，入睡为寐。

[7] 思服：思念。

[8] 芼（mào）：摘取。

【导读】

这是一首恋情诗。它以相传成双结对、生死相随的雎鸠起兴，以努力求取荇菜为喻，表现“君子”对“淑女”的执着追求——时刻思念，寝食不安。“琴瑟友之”“钟鼓乐之”，则是想象迎娶的喜庆场面。《论语·八佾》评价它“乐而不淫，哀而不伤”，可见，这首诗符合儒家的中庸之道，故被列为“《风》之始”。

蒹葭

蒹葭苍苍[1]，白露为霜。
所谓伊人[2]，在水一方[3]。
溯洄从之[4]，道阻且长[5]。
溯游从之[6]，宛在水中央[7]。
蒹葭凄凄[8]，白露未晞[9]。
所谓伊人，在水之湄[10]。
溯洄从之，道阻且跻[11]。
溯游从之，宛在水中坻[12]。
蒹葭采采[13]，白露未已[14]。
所谓伊人，在水之涘[15]。
溯洄从之，道阻且右[16]。
溯游从之，宛在水中沚[17]。

【注释】

［1］蒹葭：芦苇。苍苍：茂盛貌，一说指青苍色。

［2］伊人：那个人，这里指企慕之人。

［3］一方：一边，这里指大水的另一边。

［4］溯洄：逆流而上，这里指陆行。从：跟踪追寻。之：代指伊人。

［5］阻：阻塞。

［6］溯游：顺流而下，也指陆行。

［7］宛：好像，谓企慕之人好像在水中央。

［8］凄凄：通“萋萋”，茂盛貌。

［9］晞（xī）：干，晒干。

［10］湄：水和草交接之处，即岸边。

［11］跻（jī）：高而陡。

［12］坻（chí）：水中小洲或高地。

［13］采采：众多而色彩鲜明。

［14］未已：未止，这里指露水未干。

［15］涘（sì）：水边。

［16］右：迂回曲折。

［17］沚（zhǐ）：水中小块陆地。

【导读】

这是一首抒写追寻企慕之人的恋歌。追寻者沿着河岸，时而逆流而上，时而顺流而下，时而登上陡峭的高坡。从白露凝结为霜到融化为水再到逐渐干涸，不畏艰难，不辞辛劳，坚定执着。追寻的那位“伊人”，则在茫茫的芦苇丛中，时而在水边，时而在水中央，时而在水中小洲，时而在岸边，若近若远，若隐若现，若即若离，若有若无。如果说“在水一方”是企慕的象征，那么“宛在水中央”则是执着追寻与追寻的艰难、迷茫的象征。诗歌表现的正是这种伊人虽然隐约可见却依然遥不可及的虚幻朦胧的意境，以及追寻者坚韧不拔的执着精神。执着的追寻与虚幻朦胧的结果之反向运动，不仅使得这种追寻不得的痛苦升华到美丽的境界，也增添了诗歌诱人的艺术魅力。全诗三章，每章前二句写景，点明节令，烘托气氛；后六句写追寻“伊人”不得的心情。情景相生，回环往复，情调凄婉动人，意境朦胧深邃。

伐檀

坎坎伐檀兮[1]，寘之河之干兮[2]，河水清且涟猗[3]。

不稼不穑[4]，胡取禾三百廛兮[5]？

不狩不猎[6]，胡瞻尔庭有县貆兮[7]？

彼君子兮[8]，不素餐兮[9]！

坎坎伐辐兮[10]，寘之河之侧兮，河水清且直猗[11]。

不稼不穑，胡取禾三百亿兮？

不狩不猎，胡瞻尔庭有县特兮[12]？

彼君子兮，不素食兮！

坎坎伐轮兮[13]，寘之河之漘兮[14]，河水清且沦猗[15]。

不稼不穑，胡取禾三百囷兮[16]？

不狩不猎，胡瞻尔庭有县鹑兮？

彼君子兮，不素飧兮[17]！

【注释】

[1] 坎坎：伐木声。檀：青檀树，木质坚硬，可作车料。

[2] 寘（zhì）：同“置”，放。干：岸。

[3] 涟：水波纹。猗：义同“兮”，语气助词。

[4] 稼：种植。穑（sè）：收获。

[5] 胡：为什么。禾：谷物。三百：极言其多。廛：通“缠”，捆束。

[6] 狩：冬天打猎。

[7] 瞻：看。县：通“悬”。貆（huán）：猪獾。

[8] 君子：指有地位有权势者，这里为反语。

[9] 素餐：白吃饭。

[10] 辐：车轮上的辐条。

[11] 直：指直流。

[12] 特：大兽。《毛传》：“兽三岁曰特。”

[13] 轮：车轮，这里指伐木为轮。

[14] 漘（chún）：水边。

[15] 沦：小波纹。

[16] 囷（qūn）：圆形谷仓。

[17] 飧（sūn）：熟食。

【导读】

这是一首伐木者之歌。一群伐木者砍伐檀木造车，由劳动的艰辛联想到剥削者不劳而获：不种庄稼，却粮食满仓；不狩不猎，却占据猎物。那些有权有势的贵族，简直就是白吃饭的寄生虫！艺术上叙事、描写与抒情交织，描写河水的清澈与波澜，既是劳动环境的渲染，又是伐木者内心愤愤不平的比喻。句式上长短不齐，错落有致，与诗中起伏不平的感情达到了和谐统一。

采薇

采薇采薇[1]，薇亦作止[2]。
曰归曰归[3]，岁亦莫止[4]。
靡室靡家[5]，玁狁之故[6]。
不遑启居[7]，玁狁之故。

采薇采薇，薇亦柔止。
曰归曰归，心亦忧止。
忧心烈烈[8]，载饥载渴[9]。
我戍未定[10]，靡使归聘[11]。

采薇采薇，薇亦刚止[12]。
曰归曰归，岁亦阳止[13]。
王事靡盬[14]，不遑启处[15]。
忧心孔疚[16]，我行不来[17]。

彼尔维何[18]？维常之华[19]。
彼路斯何[20]？君子之车[21]。
戎车既驾[22]，四牡业业[23]。
岂敢定居？一月三捷[24]。

【注释】

[1] 薇：豆科植物，野豌豆。
[2] 作：生。止：语助词。
[3] 曰：说，或谓语助词，无义。
[4] 莫：暮。岁暮，年终。
[5] 靡（mǐ）：无。
[6] 玁狁（xiǎn yǔn）：北方少数民族。春秋时称狄，战国、秦、汉时称匈奴。
[7] 不遑：没空。遑，闲暇。启：跪坐。居：安居。
[8] 烈烈：火势大貌，这里形容忧心如焚。
[9] 载：语助词。
[10] 戍：驻守。定：安定。
[11] 使：传递消息者。聘：探问。
[12] 刚：指薇菜由嫩而老，变得粗硬。
[13] 阳：农历十月的别称。
[14] 盬（gǔ）：休止。
[15] 启处：启居之意。
[16] 孔疚：非常痛苦。
[17] 来：回家。
[18] 尔：“薾”的假借字，花盛开貌。维何：是什么。
[19] 常：棠棣。
[20] 路：辂，高大的马车。
[21] 君子：将帅。
[22] 戎车：兵车。
[23] 牡：雄马。业业：高大雄壮貌。
[24] 捷：接。指交战。

驾彼四牡，四牡骙骙[25]。
君子所依[26]，小人所腓[27]。
四牡翼翼[28]，象弭鱼服[29]。
岂不日戒[30]？玁狁孔棘[31]。

昔我往矣，杨柳依依[32]。
今我来思[33]，雨雪霏霏[34]。
行道迟迟[35]，载渴载饥。
我心伤悲，莫知我哀！

[25] 骙骙（kuí）：马行雄壮貌。
[26] 依：乘。
[27] 小人：指士卒。腓："庇"的假借，庇荫。
[28] 翼翼：整齐貌。
[29] 象弭（mǐ）：象牙镶饰的弓。鱼服：鲨鱼皮制的箭袋。
[30] 日戒：每日警备。
[31] 棘：同"急"。
[32] 依依：轻柔披拂貌。
[33] 思：语助词。
[34] 雨：用作动词，下雪。霏霏：大雪纷飞貌。
[35] 迟迟：迟缓。

【导读】

这首诗写一位退役的征夫在返乡途中伤悲之情、哀怨之思。当年从军时，杨柳披拂；如今归来时，大雪纷飞；归途迢迢，又渴又饥。全诗采用倒叙手法，前三章追忆思归之情，叙述难归之由。以采薇充饥起兴，兼喻军旅生活之艰苦。"薇"从初生到长出嫩叶再到粗老，喻示时光的流逝和戍边生活的漫长。四、五章追述行军作战的紧张生活，既描述了冲锋陷阵的战争场面，流露出保家卫国的自豪感，也说明了久戍难归的原因。它成功地揭示了一个征夫保家卫国与家园之思的矛盾心理，表达了人民厌恶战争、向往和平的愿望。

屈原

屈原（约前340—约前278），名平，字原，战国时楚人。他“博闻强志”，熟悉政治，娴于外交辞令，深受楚怀王的信任。曾任左徒、三闾大夫等官职。主张选贤任能、立法强国、联齐抗秦，以期振兴楚国，但遭到楚国贵族中保守势力的谗毁排挤，被楚怀王疏远。顷襄王继立，更因令尹子兰之忌，被流放到江南，后自投汨罗江而死。他是我国文学史上第一位浪漫主义的伟大诗人，“骚体”的创始者，代表作有《离骚》《九歌》《天问》《九章》等。

离 骚（节选）

帝高阳之苗裔兮[1]，朕皇考曰伯庸[2]。
摄提贞于孟陬兮[3]，惟庚寅吾以降[4]。
皇览揆余初度兮[5]，肇锡余以嘉名[6]：
名余曰正则兮[7]，字余曰灵均[8]。

纷吾既有此内美兮[9]，又重之以脩能[10]。
扈江离与辟芷兮[11]，纫秋兰以为佩[12]。
汩余若将不及兮[13]，恐年岁之不吾与。
朝搴阰之木兰兮[14]，夕揽洲之宿莽[15]。
日月忽其不淹兮[16]，春与秋其代序[17]。
惟草木之零落兮，恐美人之迟暮[18]。
不抚壮而弃秽兮[19]，何不改乎此度[20]？
乘骐骥以驰骋兮，来吾道夫先路[21]！

昔三后之纯粹兮[22]，固众芳之所在[23]。
杂申椒与菌桂兮[24]，岂维纫夫蕙茝[25]？
彼尧舜之耿介兮[26]，既遵道而得路。
何桀纣之猖披兮[27]，夫唯捷径以窘步[28]。
惟夫党人之偷乐兮[29]，路幽昧以险隘[30]。
岂余身之惮殃兮[31]，恐皇舆之败绩[32]。
忽奔走以先后兮[33]，及前王之踵武[34]。
荃不察余之中情兮[35]，反信谗而齌怒[36]。

余固知謇謇之为患兮[37]，忍而不能舍也[38]。
指九天以为正兮[39]，夫唯灵修之故也[40]。
曰黄昏以为期兮[41]，羌中道而改路[42]。
初既与余成言兮[43]，后悔遁而有他[44]。
余既不难夫离别兮[45]，伤灵修之数化[46]。

余既滋兰之九畹兮[47]，又树蕙之百亩。
畦留夷与揭车兮[48]，杂杜衡与芳芷[49]。
冀枝叶之峻茂兮[50]，愿竢时乎吾将刈[51]。
虽萎绝其亦何伤兮，哀众芳之芜秽。

众皆竞进以贪婪兮[52]，凭不猒乎求索[53]。
羌内恕己以量人兮[54]，各兴心而嫉妒。
忽驰骛以追逐兮，非余心之所急。
老冉冉其将至兮[55]，恐修名之不立[56]。
朝饮木兰之坠露兮，夕餐秋菊之落英[57]。
苟余情其信姱以练要兮[58]，长顑颔亦何伤[59]。
擥木根以结茝兮[60]，贯薜荔之落蕊[61]。
矫菌桂以纫蕙兮[62]，索胡绳之纚纚[63]。
謇吾法夫前修兮[64]，非世俗之所服[65]。
虽不周于今之人兮[66]，愿依彭咸之遗则[67]。
长太息以掩涕兮[68]，哀民生之多艰。
余虽好修姱以鞿羁兮[69]，謇朝谇而夕替[70]。
既替余以蕙纕兮[71]，又申之以揽茝[72]。
亦余心之所善兮[73]，虽九死其犹未悔。

【注释】

[1] 高阳：楚之远祖。苗裔：子孙后代。

[2] 朕：我。皇考：太祖。伯庸：屈氏始封君，西周末年楚君熊渠的长子，被封为句亶王，在甲水边上。屈氏即甲氏。

[3] 摄提：摄提格，古代纪年的术语，相当于寅年。贞：正当。孟陬：夏历正月，即寅月。

[4] 庚寅：庚寅日。降：降生。

[5] 皇：皇考。览：观察。揆：揣度。初度：初生。

[6] 肇：借作“兆”，卦兆。锡：通“赐”。

[7] 正则：公正而有法则，含“平”字之意。

[8] 灵均：地之善而均平者，含有“原”字之意。故屈原名平字原。一说正则与灵均是屈原的小名小字。

[9] 纷：众盛貌。内美：内在的美质。

[10] 脩：同“修”，美好。

[11] 扈（hù）：披。江离：香草。辟：偏僻。芷：白芷，一种香草。

[12] 纫（rèn）：草有茎叶可做绳索。

[13] 汩（yù）：水流迅急貌，这里形容时光流逝。

[14] 搴：摘。阰：山坡。木兰：香草。

[15] 揽：采。宿莽：经冬不死的草，叶含香气。

[16] 淹：停留。

[17] 代序：递相更代。

[18] 美人：喻君主。一说自喻。迟暮：年老。

[19] 抚：趁，凭。壮：指壮盛之年。秽：指秽恶之行。

[20] 度：法度。一说指态度。

[21] 道：通“导”。

[22] 三后：即楚三王。西周末年楚君熊渠封其三子为王：长子庸为句亶王，为屈氏之祖；仲子红为鄂王，为楚王族；少子执疵为越章王。纯粹：指德行精美无疵。

[23] 众芳：喻众多贤臣。

[24] 申椒：申地所产之椒。菌：一作箘，箘桂，香木。

[25] 维：通“唯”，独。蕙：香草。茝（chǎi）：白芷，香草。

[26] 耿介：光明正直。

[27] 桀：夏代最后一个君主，名履癸。相传为暴君。纣：商代最后一个君主的谥号。相传为暴君。猖披：放纵不检之意。

[28] 捷径：邪路。窘步：寸步难行。

[29] 党人：结党营私的小人。偷乐：苟且贪图享乐。

[30] 路：指国家前途。幽昧：昏暗。险隘：危险狭隘。

[31] 惮殃：害怕灾祸。

[32] 皇舆：君王所乘的车，这里比喻国家。败绩：指事业的败坏、失利。

[33] 忽：迅疾貌。

[34] 及：赶上。踵武：足迹。

[35] 荃：香草，喻君主。

[36] 齌（jì）怒：暴怒。

[37] 謇謇（jiǎn）：忠贞直言貌。

[38] 舍：停止。

[39] 正：同“证”。

[40] 灵脩：楚人对君王的美称。

[41] 曰黄昏以为期：黄昏是古代迎亲的时候，这里比喻楚王与己原已契合，后忽变卦。

[42] 羌：楚人发语词。

[43] 成言：彼此约定的话。

[44] 悔遁：后悔而回避，指心意改变。有他：有其他打算。

[45] 难：惧怕之意。

[46] 数化：屡次变化。指改变主意。

[47] 滋：栽种。畹（wǎn）：楚人地亩单位，一畹等于三十亩。

[48] 畦（qí）：田垅。这里作动词用，即一垅一垅地栽种。留夷、揭车：香草。

[49] 杜衡：香草。

[50] 冀：希望。

[51] 竢：同“俟”，等待。刈：收割。

[52] 竞进：争相追逐私利。

[53] 凭：饱满。猒：同“厌”，满足。

[54] 恕己以量人：宽恕自己而苛求他人。

[55] 冉冉：渐渐。

[56] 修名：美好的名声。

[57] 落英：初开的花。

[58] 苟：只要。姱：美。练要：精诚专一。

[59] 顑（kǎn）颔：食不饱而面黄肌瘦貌。

[60] 擥（lǎn）：同“揽”，采摘。

[61] 贯：贯穿。薜荔：香草。

[62] 矫：举起。

怨灵修之浩荡兮[74]，终不察夫民心。
众女嫉余之蛾眉兮[75]，谣诼谓余以善淫[76]。
固时俗之工巧兮[77]，偭规矩而改错[78]。
背绳墨以追曲兮[79]，竞周容以为度[80]。
忳郁邑余侘傺兮[81]，吾独穷困乎此时也！
宁溘死以流亡兮[82]，余不忍为此态也！
鸷鸟之不群兮[83]，自前世而固然。
何方圜之能周兮[84]，夫孰异道而相安！
屈心而抑志兮，忍尤而攘诟[85]。
伏清白以死直兮[86]，固前圣之所厚[87]。

悔相道之不察兮[88]，延伫乎吾将反[89]。
回朕车以复路兮[90]，及行迷之未远。
步余马于兰皋兮[91]，驰椒丘且焉止息[92]。
进不入以离尤兮[93]，退将复修吾初服。
制芰荷以为衣兮[94]，集芙蓉以为裳。
不吾知其亦已兮，苟余情其信芳。
高余冠之岌岌兮[95]，长余佩之陆离[96]。
芳与泽其杂糅兮[97]，唯昭质其犹未亏[98]。
忽反顾以游目兮[99]，将往观乎四荒[100]。
佩缤纷其繁饰兮，芳菲菲其弥章[101]。
民生各有所乐兮，余独好修以为常。
虽体解吾犹未变兮[102]，岂余心之可惩[103]！

[63] 索：搓为绳。胡绳：香草。纚纚（lí）：长而下垂貌。

[64] 謇（jiǎn）：发语词。法：效法。前修：前代贤人。

[65] 服：用。

[66] 周：合。

[67] 彭咸：楚先贤。遗则：遗下的准则。

[68] 太息：叹息。掩涕：拭泪。

[69] 鞿（jī）羁：自我约束。

[70] 谇（suì）：进谏。替：废弃。

[71] 纕（xiāng）：佩带。

[72] 申：重复。

[73] 善：爱好。

[74] 浩荡：意志放荡貌。

[75] 蛾眉：美好的容貌。

[76] 谣诼：谗毁。

[77] 工：善于。

[78] 偭：违背。规：画圆的工具。矩：画方的工具。规矩：这里喻法则。改错：改变措施，错同"措"。

[79] 绳墨：准绳与墨斗，这里喻法则。曲：邪曲。

[80] 周容：苟合以取容。度：方法。

[81] 忳（tún）：忧郁。郁邑：忧闷。侘傺（chà chì）：失意而精神恍惚貌。

[82] 溘（kè）死：突然死去。

[83] 鸷（zhì）鸟：凶猛的鸟。

[84] 圜：同"圆"。周：相合。

[85] 尤：过错。攘诟：容忍耻辱。

[86] 伏：保持；怀。死直：为正直而死。

[87] 厚：重视。

[88] 相：察看。察：仔细看。

[89] 延伫：久立；久留。

[90] 复路：回复原来所行的道路。

[91] 皋（gāo）：水边高地。

[92] 焉：于是。

[93] 进：进入朝廷。离：同"罹"，遭受。

[94] 制：裁制衣服。

[95] 岌岌：高耸貌。

[96] 陆离：修长美好貌。

[97] 泽：污垢。杂糅：混杂在一起。

[98] 昭质：光明洁白的品质。

[99] 游目：放眼纵观。

[100] 四荒：四方荒远之地。

[101] 弥：更加。章：同"彰"，明显。

[102] 体解：肢解，古代一种酷刑。

[103] 惩：恐惧。

【导读】

《离骚》是屈原的代表作，也是我国古代文学中最长的自叙性抒情诗。这里为全文之节选，它先叙身世，次述修洁之行、忠贞之志、奋发图强的精神，以及群邪蔽贤、壮怀难伸的遭遇。最后表示尽管身处恶劣环境，但清白的操守和报国的理想始终不变。揭开了由《诗经》的集体歌唱到个人独立创作的新纪元，成功塑造了一个坚持正义、坚持真理、与楚国上层腐朽集团进行不屈不挠斗争的抒情主人公形象。全文比喻奇妙，想像丰富，文辞绚丽，开创了"香草美人"的象征手法，对后世文学产生了深远影响。

湘夫人[1]

帝子降兮北渚[2]，目眇眇兮愁予[3]。
嫋嫋兮秋风[4]，洞庭波兮木叶下[5]。
登白薠兮骋望[6]，与佳期兮夕张[7]。
鸟何萃兮蘋中[8]？罾何为兮木上[9]？
沅有茝兮醴有兰[10]，思公子兮未敢言[11]。
荒忽兮远望[12]，观流水兮潺湲[13]。
麋何食兮庭中[14]，蛟何为兮水裔[15]？
朝驰余马兮江皋[16]。夕济兮西澨[17]。
闻佳人兮召予，将腾驾兮偕逝[18]。
筑室兮水中，葺之兮荷盖[19]。
荪壁兮紫坛[20]，播芳椒兮成堂[21]。
桂栋兮兰橑[22]。辛夷楣兮药房[23]。
罔薜荔兮为帷[24]，擗蕙櫋兮既张[25]。
白玉兮为镇[26]，疏石兰兮为芳[27]。
芷葺兮荷屋[28]，缭之兮杜衡[29]。
合百草兮实庭[30]，建芳馨兮庑门[31]。
九嶷缤兮并迎[32]，灵之来兮如云[33]。
捐余袂兮江中[34]，遗余褋兮醴浦[35]。
搴汀洲兮杜若[36]，将以遗兮远者[37]。
时不可兮骤得[38]，聊逍遥兮容与[39]。

【注释】

[1] 本篇选自《楚辞·九歌》。《九歌》是屈原根据楚国沅湘一带民间祭神乐歌加工而成的一组诗，共11首。其中《湘君》《湘夫人》二首是祭祀一对湘水神灵的乐歌。也有人认为湘君、湘夫人与虞舜及其二妃娥皇、女英的传说有关。当时楚国巫风盛行，祭祀时常由男巫或女巫扮演神或迎神者的角色，演唱男女爱悦之词以媚神。《湘夫人》盖由男巫扮演湘君演唱迎接湘夫人之词。

[2] 帝子：指湘夫人，传说为尧帝之女，故称“帝子”。降：下。渚：水中陆地。北渚：盖指洞庭湖中靠近北岸的小洲。

[3] 眇眇：眯着眼睛远望貌。愁予：使我忧愁。

[4] 嫋嫋（niǎo）：微风吹拂貌。

[5] 洞庭：洞庭湖，在今湖南省北部。

[6] 登：踏上。白薠（fán）：秋季生长于湖滨的一种草。骋望：极目眺望。

[7] 佳：佳人。期：约会。张：陈设。

[8] 萃：聚集。蘋（pín）：一种水草。

[9] 罾（zēng）：竹制的网鱼器具。

[10] 沅：沅水，流入洞庭湖的一条大河。茝：即白芷。醴（lǐ）：《楚辞补注》引一本作“澧”，澧水。

[11] 公子：指湘夫人。古代君主、诸侯之女亦可称公子。

[12] 荒忽：通“恍惚”，迷茫貌。

[13] 潺湲（chán yuán）：水流动貌。

[14] 麋（mí）：一种类似于鹿的动物。

[15] 水裔（yì）：岸边。

[16] 江皋：江边高地。

[17] 济：渡过。澨（shì）：水边。

[18] 腾驾：驾车快驰。偕逝：一起前往。

[19] 葺（qì）：用草盖屋顶。

[20] 荪：一种香草，俗名菖蒲。荪壁：用荪草装饰屋壁。紫：紫贝，一种珍贵的贝类。坛：庭院。紫坛：用紫贝装饰庭院。

[21] 芳椒：花椒，一种香料。

[22] 橑（liáo）：屋椽。

[23] 辛夷：木兰一类的花树，又名迎春、木笔。楣：门框上的横木。药：白芷。

[24] 罔：同“网”，编织。帷：帷帐。

[25] 擗（pǐ）：从中分开。櫋（mián）：檐边木。

[26] 镇：用来压住坐席四角的重物。

[27] 疏：撒布。石兰：兰草的一种。

[28] 芷：香草名。葺：覆盖。

[29] 缭：缠绕。杜衡：香草，亦名杜葵，俗名马蹄香。

[30] 合：聚集。百草：指众香草。实：充实。

[31] 建：树栽。馨：散布得很远的香气。庑：门廊。

[32] 九嶷：九嶷山，在今湖南省宁远县东南。这里指九嶷山上的神灵。传说舜死后葬于九嶷山。

[33] 灵：神灵。

[34] 捐：抛弃。袂：衣袖。

[35] 遗：丢弃。褋：单衣。

[36] 搴（qiān）：拔取；采摘。汀洲：水中沙土积成的小洲。杜若：香草名。

[37] 遗：赠送。

[38] 骤：屡次。一说，疾。

[39] 聊：姑且。逍遥：徘徊。容与：安逸闲暇貌。

【导读】

《湘夫人》是由男巫扮演的湘君演唱的迎神歌，表现了湘君与湘夫人相约但最终未能相见的情节。艺术上有直接描述主人公的忧思，或通过人物的动作神态、或通过描写事理颠倒的景象、或通过景物和环境的烘托，来展示人物的心理活动。想象丰富，词采绚丽，创造出一种美丽凄婉、如梦如幻的意境。

汉乐府民歌

乐府，汉代朝廷设立的音乐管理部门。它掌管朝会宴飨、军旅征伐、田猎巡时和祭祀时所用的音乐，兼采民间歌谣配以乐曲。乐府所采的诗，后来也称乐府，又叫乐府诗。乐府中的民歌真切、形象地反映了彼时下层民众的生活状况和情感愿望，其突出的艺术成就是叙事性，标志着我国叙事诗发展到了更成熟的阶段。它形式自由灵活，语言朴实生动，生活气息浓郁。宋代郭茂倩搜集汉魏至唐五代合乐或不合乐以及模仿之作的乐府歌辞，总成一书，题作《乐府诗集》。

长歌行

青青园中葵[1]，朝露待日晞[2]。
阳春布德泽[3]，万物生光辉。
常恐秋节至[4]，焜黄华叶衰[5]。
百川东到海，何时复西归？
少壮不努力，老大徒伤悲。

【注释】

[1] 葵：菊科草本植物。有锦葵、蜀葵、秋葵、向日葵等。

[2] 晞（xī）：干，晒干。

[3] 阳春：温暖的春天。布：布施。德泽：恩惠。

[4] 秋节：秋季。

[5] 焜（kūn）黄：色衰貌。华：同“花”。

【导读】

这是一首以比喻手法阐明人生短促、当及时努力的哲理诗。全诗十句，前八句都是形象比喻，结尾两句点出诗的主旨。朝露易晞，秋节叶衰，百川东逝，这些人类无法抗拒的自然规律，都说明一个道理：时光不可逆转，生命短暂。朱嘉徵《乐府广序》指出该篇“思立业也”。它正是这首诗从一系列景象引发的联想中所归结出来的理性认知。景、情、理三者的有机结合，使这首诗的哲理既发人深省，又不抽象枯燥，具有耐人寻味的艺术感染力。

饮马长城窟行

青青河畔草，绵绵思远道[1]。
远道不可思[2]，宿昔梦见之[3]。
梦见在我傍，忽觉在他乡[4]。
他乡各异县，展转不相见[5]。
枯桑知天风，海水知天寒[6]。
入门各自媚[7]，谁肯相为言[8]！
客从远方来，遗我双鲤鱼[9]。
呼儿烹鲤鱼[10]，中有尺素书[11]。
长跪读素书[12]，书中竟何如[13]？
上言加餐食[14]，下言长相忆[15]。

【注释】

[1] 绵绵：连续不断貌。含义双关，既状河边青草的蔓延，也形容相思的缠绵。远道：远方。

[2] 不可思：遥思不及。

[3] 宿昔：昨夜。昔，通“夕”。

[4] 忽觉：忽然醒来。

[5] 展转：同“辗转”。一作“不可见”，指丈夫行踪不定。

[6] “枯桑”二句：草木有情，海水有知觉，何况人呢？

[7] 媚：欢爱。这句意谓邻人回到家中，欢爱无比，其乐融融。

[8] “谁肯”句：这句说没有人与自己说话，表示极其孤独。

[9] 遗（wèi）：给予。双鲤鱼：放信的木函。用两块木板合在一起，一底一盖，中间放书信。木板刻作鱼形，分开则成双鱼。

[10] 烹鲤鱼：指打开木函，取出书信。

[11] 尺素书：书信。古人多用一尺一寸长的简或帛书写，故称。

[12] 长跪：挺直腰而跪，表示恭敬。

[13] 竟何如：究竟如何，即书信中究竟写了什么内容呢。

[14] 上言：前面说。加餐食：加餐饭，保重身体之意。

[15] 下言：后面说。

【导读】

这首诗写思妇怀念远方的征人。全诗可分为三层：前八句直接抒写思妇的刻骨相思；次四句用比喻、反衬手法，以草木有情、海水有知与邻人归来欢聚，引发并加深了思妇对丈夫的思念。后八句写思妇接到远方丈夫来信的情景，暗示她将继续忍受思念的煎熬。感情真挚，心理描写细腻，结构曲折，抒情、叙事错落有致。明代胡应麟评曰：“语断而意属，曲折有余，而寄兴无尽。”（《诗薮》内编卷二）清代沈德潜亦说：“缠绵宛折，篇法极妙。”（《古诗源》卷三）

古诗十九首

南朝梁代昭明太子萧统所编《文选》收录无名氏古诗多首，题为《古诗》，其非一人一时之作，大都作于东汉末建安之前几十年间，作者大多数是处于社会中下层的文人士子。《古诗十九首》在内容上多写思妇及朋友间的离情别绪以及士子们的彷徨失意、牢骚苦闷，表现了对个体生命价值的执着思考，情绪感伤，从侧面反映了当时社会的动荡与黑暗；在艺术形式上多用五言，语言含蓄蕴藉，善用比兴寄托，言近旨远，耐人寻味。它代表了东汉文人五言诗的最高成就。

行行重行行

行行重行行[1]，与君生别离[2]。
相去万余里，各在天一涯[3]；
道路阻且长[4]，会面安可知？
胡马依北风[5]，越鸟巢南枝[6]。
相去日已远[7]，衣带日已缓[8]。
浮云蔽白日[9]，游子不顾返[10]。
思君令人老，岁月忽已晚[11]。
弃捐勿复道[12]，努力加餐饭[13]。

【注释】

[1] 重行行：行而又行。

[2] 生别离：活生生分开。

[3] 天一涯：天一方。

[4] 阻：艰险。

[5] “胡马”句：这句说，胡马南来后仍然依恋北风。

[6] “越鸟”句：这句说，越鸟北飞后仍然筑巢于南向的树枝。越，南方的越族。

[7] 已：同“以”。这句说，日复一日，游子离家越来越远。

[8] 缓：宽松。

[9] “浮云”句：此句设想游子在外为人所惑，另结新欢。

[10] 顾：念。

[11] “岁月”句：这句说，不知不觉又岁暮了。

[12] 捐：弃。道：谈说。

[13] 努力加餐饭：多吃饭，吃饱饭，保重身体。

【导读】

这首诗表现闺中女子思念远行异乡的情人。首追叙初别，次说路远会难，再叙相思之苦，最后以自我宽慰作结。全诗除“胡马”二句，以禽兽尚且恋乡反衬人何以堪；“相去”一句，用隐喻手法表达对游子可能为女色所迷惑之外，其余纯为口语，耐人寻味。如“与君生别离”“会面安可知”，揭示等待是一种美丽的痛苦。最后二句，虽说不再提起那个令人心碎的游子，实际上难以“弃捐”，因为保重身体仍然是为了等待他回来。

曹 操

曹操（155—220），字孟德，沛国谯县（今安徽亳州）人。他起兵讨伐董卓，迎汉献帝迁都许昌，击败袁术、袁绍，统一中国北方。位至丞相及大将军，封魏王。其子曹丕称帝后，追尊他为武帝。他的诗都是乐府诗，富有创造性，多以旧调旧题表现现实内容，抒发个人宏大的抱负，情感深沉，情调苍凉悲壮。

短歌行

对酒当歌，人生几何？
譬如朝露，去日苦多[1]。
慨当以慷[2]，忧思难忘。
何以解忧？唯有杜康[3]。
青青子衿[4]，悠悠我心[5]。
但为君故，沉吟至今[6]。
呦呦鹿鸣[7]，食野之苹[8]。
我有嘉宾，鼓瑟吹笙[9]。
明明如月，何时可掇[10]？
忧从中来，不可断绝。
越陌度阡[11]，枉用相存[12]。
契阔谈讌[13]，心念旧恩。
月明星稀，乌鹊南飞。
绕树三匝[14]，何枝可依？
山不厌高，水不厌深。
周公吐哺[15]，天下归心。

【注释】

[1] 去日：过去了的日子。苦多：恨多。

[2] 慨当以慷：应当慷慨高歌之意。

[3] 杜康：相传古代最初造酒的人，这里代指酒。

[4] 衿（jīn）：衣领，青衿是周代学子的服装。

[5] 悠悠：长也，形容思念连绵不断。以上两句用《诗经·郑风·子衿》篇成句，表达对贤才的思念。

[6] 沉吟：低声吟诵，指吟诵《子衿》诗。这两句原文无，疑为后人所增。

[7] 呦呦（yōu）：鹿鸣声。

[8] 苹：艾蒿。

[9] 以上四句用《诗经·小雅·鹿鸣》篇成句，《鹿鸣》本是宴宾客的诗，这里用以表示招纳贤才之意。

[10] 掇（chuò）：停止。

[11] 阡、陌：都是田间的道路。东西叫陌，南北叫阡。

[12] 枉：枉驾，劳驾。存：问候。

[13] 契阔：聚合与分散。讌：同“宴”。

[14] 匝：周、圈。

[15] 哺：口中所含的食物。《韩诗外传》载周公“一饭三吐哺，犹恐失天下之士”。意思是说，周公忙于接待天下贤士，吃饭也没有时间。

【导读】

这首诗写曹操招待远道来访的贤士宾客。开篇仿佛是感叹人生短促、劝人及时行乐，其实是希望珍惜有限人生，表达欲得贤才以建功立业的迫切愿望。他既为远道而来的贤士们能够坦诚相见而心存感激，又为那些还没有归宿的贤士忧心忡忡。最后他发出了由衷的呼唤，表示要像周公那样，求贤之心犹如高山不弃土石、大海不辞细流，永无止境，开创一个“天下归心”的一统局面。本诗用典信手拈来，情感真挚，风格苍凉悲壮。

陶渊明

陶渊明（365—427），字元亮，一说名潜，字渊明，自号五柳先生。东晋浔阳柴桑（今江西九江）人。二十九岁开始先后任过江州祭酒、镇军参军，其间曾以母丧而归，四十一岁时出任彭泽县令，后辞官回家，归隐田园，一直到六十二岁去世。陶渊明是东晋最为杰出的诗人，以平淡爽朗的田园诗著称，有辞赋三篇，皆为精品。后人编有《陶渊明集》。

归园田居（少无适俗韵）

少无适俗韵[1]，性本爱丘山。
误落尘网中[2]，一去三十年[3]。
羁鸟恋旧林[4]，池鱼思故渊[5]。
开荒南野际，守拙归园田[6]。
方宅十余亩，草屋八九间。
榆柳荫后檐，桃李罗堂前[7]。
暧暧远人村[8]，依依墟里烟[9]。
狗吠深巷中，鸡鸣桑树颠。
户庭无尘杂，虚室有余闲[10]。
久在樊笼里，复得返自然。

【注释】

[1] 适俗韵：适合世俗的性情。

[2] 尘网：尘世的罗网，指仕途。

[3] 三十年：当为“十三年”之误。从陶渊明初仕为江州祭酒到辞去彭泽县令归田园，前后恰为十三年。

[4] 羁鸟：谓被束缚于笼中之鸟。

[5] 池鱼：谓被养于池中之鱼。

[6] 守拙：安于愚拙，不为巧伪，不争名利。

[7] 罗：排列。

[8] 暧暧：迷蒙隐约貌。

[9] 依依：轻缓飘升貌。墟里：村落。

[10] 虚室：静室。

【导读】

晋安帝义熙元年（405），陶渊明不愿“为五斗米折腰向乡里小人”，毅然辞去了所任八十多天的江西彭泽县令，归隐田园。次年写了组诗《归田园居》五首，以上为其中一首。该诗首先表达了他自己拙于官场逢迎、热爱大自然的本性，交代了误入仕途的原因；接着描写田园风光以及隐居的乐趣；最后呼应开头，再次表达挣脱官场羁绊、回归自然怀抱的正确选择。

饮 酒（结庐在人境）

结庐在人境[1]，而无车马喧。
问君何能尔[2]，心远地自偏[3]。
采菊东篱下，悠然见南山[4]。
山气日夕佳[5]，飞鸟相与还[6]。
此中有真意，欲辨已忘言[7]。

【注释】

[1] 结庐：建造住宅。

[2] 尔：如此。

[3] 这句说，只要内心远离尘世，便自然感到居住之地偏远幽静了。偏：偏僻。

[4] 南山：庐山。

[5] 日夕：黄昏，傍晚。

[6] 相与还：结伴而归。

[7] 辨：通“辩”。忘言：《庄子·外物》：“言者所以在意也。得意而忘言。”

【导读】

这首诗写诗人身居车水马龙的“人境”，却仿佛置身于偏远的山林泉石。诗人持此清静心境处世，在东篱下采菊，菊之高洁，人之高洁，山之悠然，人之悠然，已完全契合相融。晨昏的岚气若有若无，浮绕于峰际；成群的鸟儿，在山光水色里怡然相悦。生命的真谛，只能意会不可言传。人作为大自然的一部分，也应该返朴归真，这样才能使生命融入自然之中，达到和谐统一，从而完成个体生命本真的圆成。

左 思

左思（约250—305），字太冲，齐国临淄（今山东淄博）人。他生活在“上品无寒门，下品无世族”——门阀制度已经形成的西晋时代，因出身寒微，屈居下位，身心极其压抑，其诗多抒写愤懑不平。他博学能文，曾构思十年，完成《三都赋》，一时竞相传写，有“洛阳纸贵”之誉。其诗存14首，《咏史》八首是他的代表作，诗中借史咏怀，开后世以古喻今一派。诗风豪迈刚健，语言质朴，继承和发展了“建安风骨”精神，被钟嵘《诗品》称为“左思风力”。原有集，已佚，后人辑有《左太冲集》。

咏 史（郁郁涧底松）

郁郁涧底松[1]，离离山上苗[2]。
以彼径寸茎[3]，荫此百尺条[4]。
世胄蹑高位[5]，英俊沉下僚[6]。
地势使之然，由来非一朝。
金张籍旧业[7]，七叶珥汉貂[8]。
冯公岂不伟[9]，白首不见招[10]。

【注释】

[1] 郁郁：茂盛貌。

[2] 离离：下垂貌。苗：初生的草木。

[3] 径寸茎：直径仅一寸的茎干，指山上苗。

[4] 荫：遮盖。百尺条：指涧底松。条，树枝。径寸之苗能遮盖百尺之条，是地势使之如此。

[5] 世胄：世家子弟。蹑：登。

[6] 英俊：才智出众的人。下僚：小官。

[7] 金张：指金日磾和张安世两家族。日磾、安世两人是西汉宣帝时的权贵。籍：通“藉”，凭借，依靠。旧业：先人的功业。

[8] 七叶：七世。珥：插。汉貂：汉代侍中官冠旁插貂鼠尾为饰。这两句说，金、张凭借祖先的世业七代做汉朝的贵官。

[9] 冯公：指冯唐，生于汉文帝时，武帝时仍居郎署小职。伟：奇伟出众。

[10] 不见招：不被招见，即不受重用之意。

【导读】

这首诗抨击了森严的门阀制度，反思了造成这种不合理的社会现象的历史根源。前四句运用比兴手法，将包括作者在内的出身寒门的人才比作“涧底松”，将世家大族子弟比作“山上苗”，后者却以径寸茎遮盖了前者的的百尺之条。“世胄”四句便直接道出这一强烈反差，并指出这种现象由来已久，就像“涧底松”和“山上苗”一样，是地势使之如此。西汉宣帝时金日磾和张安世两家族凭借祖先的世业七代做汉朝的贵官，汉文帝时的冯唐虽具奇伟之才，却因出身寒微而至年老只做到中郎署这样的小官。通篇运用对比手法，比喻贴切，用笔犀利。

王绩

王绩（约589—644），字无功，号东皋子，绛州龙门（今山西河津）人。隋炀帝大业（605—617）举孝悌廉洁科，授秘书省正字，除扬州六合县丞。后浪迹中原，漫游江南，客游河北。唐武德八年（625），以前官待诏门下省，贞观十一年（637）任太乐丞，不久托疾弃官归隐。他鄙视功名，性格孤傲，仰慕阮籍、陶渊明的为人，向往自然，寄情于酒。其诗多以山林田园、琴酒为题材，描写隐居和饮酒的情趣，流露出抑郁不平之气。其人真率自然，平淡质朴，气格遒劲，在初唐诗坛风标独绝，著有《王无功文集》。

野望

东皋薄暮望[1]，徙倚欲何依[2]。
树树皆秋色[3]，山山唯落晖[4]。
牧人驱犊返[5]，猎马带禽归。
相顾无相识，长歌怀采薇[6]。

【注释】

[1] 东皋：指作者隐居故乡时的游眺处。

[2] 徙倚：犹言徘徊。

[3] 秋色：憔悴枯黄之色。

[4] “山山”句：夕阳遍照每个山峰，给人以荒凉穷暮之感。

[5] 犊：小牛。

[6] “长歌”句：殷朝亡后，伯夷、叔齐隐居首阳山，采薇而食。作歌曰：“登彼山兮，采其薇矣。以暴易暴兮，不知其非矣！神农虞夏，忽焉没兮，我安适归矣？于嗟徂兮，命之衰矣！”这里取其“我安适归”之意。薇：羊齿类草本植物，嫩叶可食。

【导读】

这首诗大约作于隋亡之后。诗写诗人黄昏远望秋原之景，徘徊于隐居处所的水边，心情无所着落。颔联从大处落笔，描写山林一片枯黄之色，山峰染上了夕阳的余晖，给人以荒凉穷暮之感，这是静态写生。颈联写放牛的牧童驱赶牛群回来，狩猎的马队满载着猎物而归，这是动态掠影。面对这些勤劳朴实的山民，诗人感到自己完全是一个陌生的局外人。最后诗人表示要下决心避世隐居。诗中透露出一种全身远害的避世思想，在闲适情趣的抒写中，寓有离群落寞之感。本诗对仗工整，平仄相对，是较早的成熟的五言律诗之一。《四库全书总目提要》评曰：“气格遒健，皆能涤初唐排偶板滞之习，置之开元、天宝间，弗能别也。”

王勃

王勃（650—676），字子安，绛州龙门（今山西河津）人。曾为沛王府侍读，因事被逐出府。后任虢州参军，不久因罪免官。高宗上元三年（676）渡海探省父亲，溺水而死。他出身儒学世家，与杨炯、卢照邻、骆宾王齐名，世称“初唐四杰”。其诗虽未尽脱绮靡余风，但已从宫廷走向市井、从台阁移向塞漠，扩大了诗的题材。诗风清新流畅，质朴自然，对促进五律的成熟有所贡献。著有《王子安集》。

送杜少府之任蜀州

城阙辅三秦[1]，风烟望五津[2]。
与君离别意，同是宦游人[3]。
海内存知己，天涯若比邻[4]。
无为在歧路，儿女共沾巾[5]。

【注释】

[1] 城阙（què）：指长安。阙：宫门前的望楼。辅三秦：以三秦为辅，指在三秦的中枢。今陕西省一带，古为秦国，项羽灭秦后，将秦国属地分为雍、塞、翟三地，故称“三秦”。

[2] 风烟：风尘烟雾。五津：蜀中长江自湔堰至犍为一段，有白华津、万里津、江首津、涉头津、江南津，合称“五津”。

[3] 宦游人：为了做官而远游四方的人。

[4] 比邻：近邻。比：古代五家相连称。

[5] 歧路：岔路，指分别之处。

【导读】

这是王勃任职长安送友人赴任蜀地的一首送别诗。首联交代送别之地和友人即将赴任之地，后者为想象之辞。接着安慰友人：你我都是远离故土、宦游他乡之人，这次离别，只不过是客中之别，又何必感伤！只要我们是知心朋友，即使彼此远隔天涯海角，也如同邻居一样亲近。请不要在分别的路口，儿女情长般哭哭啼啼，让泪水沾湿了衣襟。它一反传统送别诗的悲酸之态，意境开阔，情调开朗，风格雄健。

张若虚

张若虚（生卒年不详），扬州（今属江苏）人。官至兖州兵曹。与贺知章、包融、张旭合称“吴中四士”。他的诗仅存二首于《全唐诗》中，其中《春江花月夜》为历代传诵的名篇，王闿运在《唐诗评选》中将他誉为“孤篇横绝，竟为大家”，闻一多在《唐诗杂论·宫体诗的自赎》中将其诗誉为“诗中的诗”。

春江花月夜

春江潮水连海平，海上明月共潮生[1]。
滟滟随波千万里[2]，何处春江无月明。
江流宛转绕芳甸[3]，月照花林皆似霰[4]。
空里流霜不觉飞，汀上白沙看不见。
江天一色无纤尘，皎皎空中孤月轮。
江畔何人初见月？江月何年初照人？
人生代代无穷已，江月年年只相似[5]。
不知江月待何人，但见长江送流水。
白云一片去悠悠，青枫浦上不胜愁[6]。
谁家今夜扁舟子[7]？何处相思明月楼[8]？
可怜楼上月徘徊[9]，应照离人妆镜台。
玉户帘中卷不去，捣衣砧上拂还来[10]。
此时相望不相闻，愿逐月华流照君。
鸿雁长飞光不度，鱼龙潜跃水成文[11]。
昨夜闲潭梦落花，可怜春半不还家。
江水流春去欲尽，江潭落月复西斜。
斜月沉沉藏海雾，碣石潇湘无限路[12]。
不知乘月几人归，落月摇情满江树[13]。

【注释】

[1] 海：宽阔的江面。

[2] 滟滟（yàn）：动荡闪光貌。

[3] 芳甸：遍生花草的原野。

[4] 霰（xiàn）：形容洁白月光照映下的花朵。

[5] 只：一作“望”。

[6] 青枫浦：一名双枫浦，在今湖南省浏阳市浏阳河支流中。这里泛指思妇心中的游子所在的地方。

[7] 扁舟子：飘荡江湖的客子。扁舟：小舟。

[8] 明月楼：指月夜楼中的思妇。

[9] 徘徊：指月影移动。曹植《七哀诗》：“明月照高楼，流光正徘徊。上有愁思妇，悲叹有余哀。”

[10] 玉户：闺房的美称。卷不去：和下句“拂还来”都指月光。

[11] 长飞：远飞。光不度：飞越不了月光。文：通“纹”。以上二句既是写景，也寓有鱼雁传书之意，其中“鱼龙”可作偏义复词理解，仅指鱼类。

[12] 碣（jié）石：山名，在今河北省昌黎。潇湘：水名，在今湖南省零陵。这里以“碣石”指北，“潇湘”指南，意思是说游子思妇一南一北相距遥远。

[13] “落月”句：缭乱不宁的别绪离情，伴随着残月余晖散落在江边的树林里。

【导读】

这首诗的主体部分虽然仍写相思离别之苦，但一洗六朝宫体诗的浓脂腻粉，词清语丽，韵调优美。“江畔何人初见月”六句，从宇宙的高度，阐发宇宙无穷而人生有限这一人类不可抗拒的深刻矛盾，进入生命体验的哲学层次。全诗紧扣春、江、花、月、夜的背景来展开，而以月为主体，描写了它升起——高悬——西斜——落下的过程，虚实相生，朦胧优美。全诗共36句，四句一转韵，平仄交错，一唱三叹，前后呼应，既回环往复，又层出不穷，音节抑扬顿挫，感情强烈，达到了情景理的水乳交融，富有不可抗拒的艺术感染力。

张九龄

张九龄（678—740），一名博物，字子寿，韶州曲江（今广东韶关）人。武则天神功元年（697）进士。官至同中书门下平章事、中书令。在朝直言敢谏，是开元时代贤相之一。后被李林甫排挤出朝。他早年以文学为张说所激赏，其诗词采富艳，而情致深婉。晚年遭受谗毁，感慨加深，诗歌风格转向朴质简劲。著有《曲江集》。

望月怀远

海上生明月，天涯共此时。
情人怨遥夜，竟夕起相思[1]。
灭烛怜光满，披衣觉露滋。
不堪盈手赠[2]，还寝梦佳期。

【注释】

[1] 竟夕：通宵，终夜。

[2] 堪：能够。盈：满。

【导读】

当明月从海上升起之时，一对各在天涯的情人，便不约而同在思念着对方。不用“升”而说“生”，不仅赋予无情的月亮以生生不息的生命，且含月亮乃催生相思的触媒之意。思念对方，通宵不眠，于是埋怨起夜的漫长，无理而妙。索性吹灭蜡烛，披着衣服，走到户外，“觉露滋”表示在月光下徘徊太久，以至感到有些凉意。真想双手掬起月光赠给对方，但不能够啊，只有入室强迫自己就寝，或许能够在梦中与情人相聚。全诗语言自然浑成，极有层次，感情细腻。

孟浩然

孟浩然（689—740），以字行，名不详，襄州襄阳（今湖北省襄樊）人。盛唐山水田园诗派的代表作家，与王维齐名，并称“王孟”。早年隐居于距鹿门山不远的汉水之南，“以诗自适”。年四十，游长安应进士举不第。曾漫游东南各地，张九龄镇荆州，辟为从事，不久辞归，病卒。今存诗二百六十余首，多数以田园山水为主要描写对象。其诗大部分是五言诗，冲淡清旷，富于韵味。著有《孟浩然集》。

临洞庭湖赠张丞相[1]

八月湖水平，涵虚混太清[2]。
气蒸云梦泽[3]，波撼岳阳城[4]。
欲济无舟楫[5]，端居耻圣明[6]。
坐观垂钓者[7]，徒有羡鱼情[8]。

【注释】

[1] 这首诗题目或作《望洞庭湖赠张丞相》。张丞相：张九龄，唐玄宗开元年间曾任丞相。开元二十一年（733），孟浩然西游长安，写了这首诗，希望得到张九龄的赏识和援引。

[2] 虚、太清：均指天空。涵：包含。这两句意谓：八月秋水盛涨，洞庭湖面平满空阔，远远望去，水天相连，浑然一体。

[3] 云梦泽：古代水泽名。原分云、梦二泽，长江之北为云泽，长江之南为梦泽，后淤积成陆地，合称为云梦泽。古代云梦泽范围很广，约包括今湖北省东南部和湖南省北部一带。这句是说，周围地域都处在洞庭湖水气笼罩之中。

[4] 岳阳城：在洞庭湖东岸。

[5] 济（jì）：渡。楫（jí）：船桨。这句表面上说想渡过洞庭湖苦于没有船桨，实质上是说想出仕而无人援引。

[6] 端居：隐居。圣明：皇帝圣明，天下太平。这句意谓太平盛世不能出仕有所建树，感到惭愧。

[7] 坐：因。垂钓者：比喻张九龄等能够援引人才的官员。

[8] 徒：一本作“空”，徒然。羡鱼情：羡慕那些被援引的新贵。

【导读】

这是一首希望得到官员援引的干谒诗，写得很得体，不卑不亢，既不失尊严，又极有艺术技巧。前四句描写洞庭湖波涛浩渺、气势蒸腾的景象，好似作者自负不平心态的写照。后四句就眼前景象顺势取譬设喻，传达心曲，表露作者积极用世的愿望和希望在仕途上得到援引的迫切心情。可见以隐士而闻名的孟浩然并非甘于寂寞，仍然渴望有建功立业的机会。李白谓孟浩然“红颜弃轩冕”（《赠孟浩然》），只能理解为孟浩然中年以后绝意仕进了。

王 维

王维（701—761），字摩诘，太原祁县（今属山西）人。唐玄宗开元九年（721）中进士，官至尚书右丞。盛唐山水田园诗派的代表作家，与孟浩然齐名，并称“王孟”。他擅长绘画音乐，精研佛理，能以音画、禅理通于诗。他善于运用自然精练、形象准确的语言，将自然美再现为艺术美，创造优美高远的意境。著有《王右丞集》。

山居秋暝

空山新雨后，天气晚来秋。
明月松间照，清泉石上流。
竹喧归浣女[1]，莲动下渔舟[2]。
随意春芳歇，王孙自可留[3]。

【注释】

[1] 竹喧：竹林喧响。浣女：洗衣的妇女。

[2] 莲动：莲花动荡。

[3] “随意”二句：《楚辞·招隐士》：“王孙兮归来，山中兮不可以久留。”这里反用其意，说春天的芳草虽已凋谢，秋景也佳，我这个王孙自可留在山中不必归去。王孙：王的子孙，后泛指贵族子弟。

【导读】

晚间雨后的山林天气凉爽宜人，浓浓的秋意扑面而来。皎洁的月光泻在松林，一片空明；清澈的泉水流过山石，潺潺有声。声色交织，动静相衬，更显山林的寂静。从竹喧响，那是浣衣女结伴归来；莲叶摇曳，那是采莲叟娃渔歌唱晚。山林的秋景如此美妙，一个受制于官场、身心俱疲的人，绝没有理由不留下来消受！从诗中明月、青松、清泉、翠竹、莲花诸意象不难看出，如果说颔联是以物芳而明志洁，那么颈联则是以政通而望人和。表达了诗人以一种理想的和谐生存境界来对抗倾轧污浊的官场。

使至塞上

单车欲问边[1]，属国过居延[2]。
征蓬出汉塞[3]，归雁入胡天。
大漠孤烟直[4]，长河落日圆。
萧关逢候骑[5]，都护在燕然[6]。

【注释】

[1] 问边：到边塞去慰问。

[2] 属国：附属国。汉时称那些已归附汉朝的少数民族地区为属国。居延：古县名，故城在今内蒙古自治区额济纳旗境内。这句是“过属国居延”的倒文。

[3] 征蓬：飘蓬，比喻飘泊的旅人，这里借以自喻。

[4] 孤烟直：直上的燧烟。

[5] 萧关：在今宁夏回族自治区固原县东南。候骑（jì）：担任侦察巡逻任务的骑兵。

[6] 都（dū）护：当时边疆重镇都护府的长官，这里指河西节度使。燕然：即杭爱山，在今蒙古人民共和国境内。这里借指边疆战地最前线。

【导读】

开元二十五年（737）唐玄宗命王维以监察御史的身份出塞慰问战胜吐蕃的河西节度副大使崔希逸，借此将王维排挤出朝廷。这首诗作于出塞途中。“单车”透露孤身出塞，接着以“征蓬”“归雁”自喻，挑明漂泊在外的游子之意，传达出内心的怨愤之情。孤烟直上，落日圆浑，既勾勒出沙漠的荒远，又写出了接近地平线的亲身感受，被王国维誉为“千古壮观”（《人间词话》）。最后表明慰问并非诗的主旨。

常 建

常建（生卒年不详），一说为长安（今陕西西安）人。唐玄宗开元十五年（727），进士及第，曾任盱眙（今属江苏）尉，后隐居鄂渚西山（今湖北鄂州西）。与王昌龄有交往。诗歌为时人推重，殷璠所编《河岳英灵集》首列其诗，并称“其旨远，其兴僻，佳句辄来，唯论意表”。诗多写田园风光、山林逸趣，意境恬淡清迥，语言洗炼自然，风格质朴清新，为盛唐山水田园诗派的重要作家。今存诗五十余首。有《常建集》。

题破山寺后禅院[1]

清晨入古寺，初日照高林[2]。
曲径通幽处[3]，禅房花木深[4]。
山光悦鸟性，潭影空人心[5]。
万籁此俱寂[6]，但余钟磬音[7]。

【注释】

[1] 一本“破”字前无“题”字。破山寺，即兴福寺，在今江苏常熟虞山北麓。始建于南朝齐时，唐咸通九年（868）赐额为破山兴福寺。破山即虞山。殷璠《河岳英灵集》载此诗，说明它当作于天宝十二载（753）以前。

[2] 初日：犹旭日。高林：佛家称僧徒聚集的处所为“丛林”，故而“高林”含有礼赞之意。

[3] 曲径：一作“竹径”；一作“一径”。

[4] 禅房：后禅院中僧人住房。

[5] 空：涤除、净滤之意。人心：指心中的尘世杂念。

[6] 万籁（lài）：自然界发出的各种声响。

[7] 钟磬（qìng）：古代礼乐器。

【导读】

诗人在清晨登破山，入兴福寺。旭日初升，阳光洒满山林。一个“高”字，既写出了山势之陡峭，又礼赞佛教法力无边。穿过曲折的竹径，来到幽静之处，禅房就在花木掩映的深处。鸟儿因山光而悦，飞得自由自在，抑或山光因鸟而悦，洒下斑驳的光影，这是诗人此时领悟到的禅悦。《维摩经·方便品》曰：“虽复饮食，而以禅悦为味。”清澈的潭水，将心中尘世的杂念涤除殆尽。此时此刻，大自然和人世间的各种声响归于寂静，只有寺院钟磬之声，悠扬悦耳，在山野的上空，袅袅盘旋，传得很远很远。这首题壁诗借咏禅寺幽静景象抒发隐逸闲适情趣，兴象深微，意在言外，是盛唐山水诗中独具一格的名篇。

王昌龄

王昌龄（约698—757），字少伯，京兆长安（今陕西西安）人。唐玄宗开元十五年（727）进士。二十八年又中博学宏词科，官校书郎，出为江宁令。晚年贬龙标（今湖南黔阳县）尉。安史乱后，弃官居江夏，为刺史闾丘晓所杀，世称“王江宁”或“王龙标”。他擅长七言绝句，以写边塞军旅生活最为出色，亦有宫怨闺情之什。兴象玲珑，意境超妙，雄浑自然，含蓄蕴藉，有“七绝圣手”之称。《全唐诗》录其诗四卷。

芙蓉楼送辛渐[1]

寒雨连江夜入吴，平明送客楚山孤[2]。
洛阳亲友如相问，一片冰心在玉壶[3]。

【注释】

[1] 芙蓉楼：晋王慕为润州刺史时，“改创西南楼名万岁楼，西北楼名芙蓉楼”。楼址在今江苏镇江西北。吴：地名，泛指我国东南（江苏南部和浙江北部）一带。

[2] 平明：犹黎明。楚：古时长江中下游一带。

[3] 冰心：纯净高洁的心。玉壶：玉制的壶。这里比喻操守高洁。

【导读】

这首诗大约作于天宝元年（742）王昌龄出为江宁（今南京市）县丞时送别友人辛渐所作。作者可能陪他从江宁到润州渡江北上洛阳，润州的黎明，江边烟雨迷濛，楚山孤峙，“寒”“孤”二字，渲染出送别时的悲凉气氛、孤独情怀。临别之际，嘱托友人给洛阳的亲友捎个口信：如今我依然冰清玉洁、坚持操守。联系作者当时遭人谤议的险恶处境，这一叮咛无疑表达了对谗毁的蔑视。由江水联想到冰心可鉴，不仅就地取材，而且设喻巧妙贴切。

崔颢

崔颢（约704—754），汴州（今河南开封市）人。唐玄宗开元十一年（723）进士。漫游南北。开元后期从事河东军幕。天宝初，为太仆寺丞，终司勋员外郎。唐殷璠《河岳英灵集》云："颢年少为诗，名陷轻薄。晚节忽变常体，风骨凛然，一窥塞垣，说尽戎旅。"代表作《黄鹤楼》被宋严羽《沧浪诗话》推为唐人七律第一，著有《崔颢集》。

黄鹤楼

昔人已乘黄鹤去[1]，此地空余黄鹤楼[2]。
黄鹤一去不复返，白云千载空悠悠[3]。
晴川历历汉阳树[4]，芳草萋萋鹦鹉洲[5]。
日暮乡关何处是[6]？烟波江上使人愁。

【注释】

[1] 昔人：指传说中骑鹤经过的仙人。

[2] 黄鹤楼：在今湖北武昌黄鹤山（又名蛇山）上，旧传有仙人子安乘黄鹤经过此地，黄鹤楼因此而得名。

[3] 悠悠：久长；久远。

[4] 历历：清晰分明貌。汉阳：在武昌西北，与黄鹤楼隔江相望。

[5] 鹦鹉洲：唐时在黄鹤楼东北的长江江流之中，后来渐渐湮没。

[6] 乡关：即故乡。

【导读】

破题即从楼的命名之由展开联想，仙去楼空，岁月不再，往事难追，唯余天际白云，悠悠千载，传达出登楼之际心情空漠、世事茫然之感。接着转入现实，写俯瞰所见：晴光下，汉阳平川的树木，郁郁葱葱；鹦鹉洲头的芳草，远连天际。诗人触景油然而生之情不是壮美，而是难禁的归思、浓浓的乡愁。苍茫的暮色里，江上浩渺的烟波，既是实写，又仿佛是诗人乡愁的外化，还与诗的开头回应而归于浩渺。不拘平仄，妙手天成，意境雄浑，不愧为唐诗中的神品。

高 适

高适（704—765），字达夫，郡望渤海蓨县（今河北沧州）人。唐玄宗天宝八载（749）举有道科，授封丘尉，官终散骑常侍。盛唐边塞诗派代表，与岑参齐名，并称“高岑”。边塞诗以揭露将帅骄纵、同情戍卒著称，风格悲壮，音节嘹亮，语言整饬之中，贯注雄健奔放的气势和激昂慷慨的精神。著有《高常侍集》。

别董大（千里黄云白日曛）[1]

千里黄云白日曛[2]，北风吹雁雪纷纷。
莫愁前路无知己，天下谁人不识君？

【注释】

[1] 唐玄宗天宝六年（747）春，吏部尚书房琯被贬出朝，门客董庭兰也离开长安。是年冬，与高适会于睢阳（故址在今河南省商丘县南），高适写了《别董大》二首，这里是第一首。董大即董庭兰，当时著名乐师。

[2] 曛（xūn）：昏暗。

【导读】

这是一首送别诗。前二句渲染送别时的苦寒景色：云层笼罩，天色昏黄，北风呼啸，大雪纷飞。后二句劝勉友人此行并不孤独，无论走到哪里，都将遇到相识，表达了对才能、人格和前途的高度自信。联系作者当时不得志的处境，也当含自勉自励之意。诗中渲染的悲苦气氛，既是表达对友人的依依不舍之情，更是反衬出后面的豪迈气概。格调开朗，胸襟豁达，意气风发。

岑 参

岑参（约715—770），荆州江陵（今属湖北）人。唐玄宗天宝三载（744）进士。官至嘉州刺史。盛唐边塞诗派代表，与高适齐名，并称“高岑”。早期诗以风华绮丽见长；后历参戎幕，多写边塞军旅生活及奇异风光，格调高昂，想象丰富，洋溢着慷慨报国的英雄气概和积极乐观的情绪，语奇意奇。著有《岑嘉州集》。

白雪歌送武判官归京[1]

北风卷地白草折[2]，胡天八月即飞雪[3]。
忽如一夜春风来，千树万树梨花开[4]。
散入珠帘湿罗幕[5]，狐裘不暖锦衾薄[6]。
将军角弓不得控[7]，都护铁衣冷难着[8]。
瀚海阑干百丈冰[9]，愁云惨淡万里凝。
中军置酒饮归客[10]，胡琴琵琶与羌笛[11]。
纷纷暮雪下辕门[12]，风掣红旗冻不翻[13]。
轮台东门送君去[14]，去时雪满天山路[15]。
山回路转不见君，雪上空留马行处。

【注释】

[1] 唐玄宗天宝十三载（754），岑参任安西北庭节度使判官。这首诗是他在轮台幕府雪中送人归京所作。武判官：生平不详。判官是唐朝协助节度使等地方官处理政务和文书的官员。京：指唐朝京城长安，今陕西省西安市。

[2] 白草：我国西北地区的一种草。

[3] 胡天：这里指西北一带的天气。

[4] 梨花：这里喻雪。

[5] 罗幕：丝织的帷幕。

[6] 裘（qiú）：皮衣。衾（qīn）：被子。

[7] 角弓：用兽角作装饰的弓。控：拉。

[8] 都护：官名，这里泛指边塞长官。

[9] 瀚海：沙漠。阑干：纵横貌。

[10] 中军：古时兵分中、左、右三军，中军是主帅亲自统领的部队。这里借指主帅所在之所。置酒：安排酒席。

[11] 羌笛：古代羌族的一种乐器。

[12] 辕门：军营的门。

[13] 掣：牵引，扯动。翻：翻卷招展。

[14] 轮台：今新疆维吾尔自治区库车县东。

[15] 天山：山脉名，横亘新疆维吾尔自治区中部。

【导读】

这首诗写雪中送友人东归长安，在渲染送别环境时，用了八句的篇幅来描写西北边塞奇异雪景和苦寒天气，以春风中盛开的梨花喻雪铺天盖地、飞动夺目的壮观，新奇传神，使人叹为观止。“瀚海”二句过渡，承上启下，由苦寒背景转入抒写离愁别绪，仍然以雪为背景，雪景与别情互衬，情景交融，相得益彰。最后以景结情，意境深远，令人回味无穷。

王湾

王湾（生卒年不详），洛阳（今属河南）人。唐玄宗先天元年（712）进士。开元初任荥阳（今属河南）主簿。开元五年至九年，参与修撰《群书四部录》，出为洛阳尉。开元十七年，曾任朝官，后不知所终。他早有诗名，曾往来吴楚间，作《次北固山下》诗，脍炙人口，"海日生残夜，江春入旧年"一联，被唐人殷璠评为"诗人以来，少有此句"（《河岳英灵集》）；明人胡应麟评曰："形容景物，妙绝千古"（《诗薮》内编）。《全唐诗》存其诗十首。

次北固山下[1]

客路青山外[2]，行舟绿水前。
潮平两岸阔[3]，风正一帆悬[4]。
海日生残夜[5]，江春入旧年[6]。
乡书何处达[7]？归雁洛阳边[8]。

【注释】

[1] 《河岳英灵集》题作《江南意》，且多异文："南国多新意，东行伺早天。潮平两岸失，风正数帆悬。海日生残夜，江春入旧年。从来观气象，惟向此中偏。"次：停泊。北固山：在今江苏镇江市北，下临长江。

[2] 客路：指行客前进的路。青山：指北固山。

[3] 平：犹满。

[4] 风正：指风顺而和。一帆悬：指船帆端直高挂。

[5] 残夜：夜阑将晓。

[6] "江春"句：谓旧历新年前立春。

[7] 乡书：家书。

[8] 归雁：北归的大雁，古代有雁能传书之传说。

【导读】

诗人从水路出发，舟行在绿水之上，掠过数座青山，停泊在江苏镇江市的北固山下，正值潮平岸阔，风正帆悬。夜阑将晓之际，一轮红日从海上升起；当旧年尚未逝去，江上已呈现春意。"生""入"二字分别赋予海日、江春之生命哲理：海日生于残夜，将破除黑暗；江春闯入旧年，将驱散寒冬。此时此刻，诗人触景顿生思乡之情，北归的大雁，托你们捎个书信，问候我洛阳的家人吧！首尾呼应，视野开阔，意境优美。虽然传达的是淡淡的羁旅之劳顿、思乡之情怀，但不伤感压抑，给人温馨的回味、美丽的期待，具有乐观向上的艺术力量。

李 白

李白（701—762），字太白，号青莲居士，祖籍陇西成纪（今甘肃泰安），他的出生地有蜀中、西域诸说，尚无定论。少居绵州昌隆（今四川江油）青莲乡。青年时期，即漫游全国各地。天宝元年（742）诏征入京，供奉翰林。天宝三载，因权贵谗毁，赐金还山。安史乱起，因参加永王李璘幕府，被牵累，长流夜郎，途中遇赦。晚年飘泊东南一带，卒于当涂。他是我国古代继屈原之后伟大的浪漫主义诗人，其诗歌代表盛唐诗歌的最高成就。著有《李太白集》。

将进酒

君不见黄河之水天上来，奔流到海不复回。

君不见高堂明镜悲白发，朝如青丝暮成雪。

人生得意须尽欢，莫使金樽空对月。

天生我材必有用，千金散尽还复来。

烹羊宰牛且为乐[1]，会须一饮三百杯[2]。

岑夫子，丹丘生[3]，将进酒，杯莫停。

与君歌一曲[4]，请君为我倾耳听[5]。

钟鼓馔玉不足贵[6]，但愿长醉不复醒。

古来圣贤皆寂寞，惟有饮者留其名。

陈王昔时宴平乐，斗酒十千恣欢谑[7]。

主人何为言少钱，径须沽取对君酌[8]。

五花马[9]，千金裘，呼儿将出换美酒[10]，与尔同销万古愁。

【注释】

［1］ 且为乐：姑且作乐。意谓暂时把不愉快的事丢到一边。

［2］ 会须：应该。

［3］ 岑夫子、丹丘生：岑勋和元丹丘，二人均为李白好友。

［4］ 与君：为你。

［5］ 倾：一作“侧”。

［6］ 钟鼓馔（zhuàn）玉：富贵利禄之代称。

［7］ “陈王”：指曹植，他曾被封为陈思王。其诗《名都赋》云：“归来宴平乐，美酒斗十千。”平乐：宫观名。斗酒十千：一斗酒值十千钱，极言酒美价昂。恣欢谑：尽情欢娱戏谑。

［8］ 径须沽取：应该直接拿酒来。

［9］ 五花马：毛色斑驳的名马。

［10］ 将出：拿出。

【导读】

这首诗大约作于天宝十一载（752年），当时李白于长安放还之后与岑勋正在嵩山另一位好友元丹丘的颍阳山居作客。李白会友遇酒，满腹牢骚便像黄河决堤，不可遏制，实则借他人酒杯，浇自己心中的块垒，抒发诗人失望与自信、悲愤与抗争的情感，体现出强烈的豪纵狂放的个性。全诗感情奔涌跌宕，大开大阖，几度转折，由悲而乐，进而转狂放，再转愤激，再转狂放，再转悲愤，直中有曲，充分展现了李白七言歌行的特色。

梦游天姥吟留别[1]

海客谈瀛洲[2]，烟涛微茫信难求[3]。

越人语天姥[4]，云霓明灭或可睹[5]。

天姥连天向天横，势拔五岳掩赤城[6]。

天台四万八千丈[7]，对此欲倒东南倾[8]。

我欲因之梦吴越[9]，一夜飞渡镜湖月[10]。

湖月照我影，送我至剡溪[11]。

谢公宿处今尚在[12]，渌水荡漾清猿啼[13]。

脚著谢公屐[14]，身登青云梯[15]。

半壁见海日[16]，空中闻天鸡[17]。

千岩万转路不定[18]，迷花倚石忽已暝[19]。

熊咆龙吟殷岩泉[20]，栗深林兮惊层巅[21]。

云青青兮欲雨[22]，水澹澹兮生烟[23]。

列缺霹雳[24]，丘峦崩摧[25]。

洞天石扉[26]，訇然中开[27]。

青冥浩荡不见底[28]，日月照耀金银台[29]。

霓为衣兮风为马，云之君兮纷纷而来下[30]。

虎鼓瑟兮鸾回车[31]，仙之人兮列如麻[32]。

忽魂悸以魄动[33]，恍惊起而长嗟[34]。

惟觉时之枕席[35]，失向来之烟霞[36]。

【注释】

[1] 唐玄宗天宝三年(744),李白遭权贵排挤,被放出京,这首诗是次年他由东鲁(今山东省东南部)南游越中(今浙江省一带)途中所作。天姥:山名,在今浙江省嵊县东。吟:歌行体的一种。留别:留赠给分别之人。

[2] 海客:来自海上的人。瀛洲:仙山名。传说东海中有蓬莱、方丈、瀛洲三座仙山。

[3] 微茫:隐约模糊。信难求:实在难以寻访。

[4] 越:春秋时国名,在今浙江省一带。语:谈论。

[5] 云霓:空中的彩虹。明灭:忽明忽暗。或:有时。

[6] 势拔:山势超出。五岳:我国著名的五座大山,即东岳泰山,西岳华山,南岳衡山,北岳恒山,中岳嵩山。掩:遮掩。赤城:山名,在今浙江省天台县北。

[7] 天台:山名,在今浙江省天台县北。

[8] 这句谓天台山远不及天姥山高,好像拜倒在它的东南。

[9] 因之:依据越人关于天姥山的传说。吴越:偏义复词,指越。春秋时两国相邻,故连类而及。

[10] 镜湖:即鉴湖,在今浙江省绍兴市南。

[11] 剡(shàn)溪:在今浙江省嵊县境内,即曹娥江的上游。

[12] 谢公:谢灵运,晋、宋间著名诗人,性喜山水,曾游天姥山。

[13] 渌水:清粼粼的水。

[14] 谢公屐:谢灵运为游山特制的一种有锯齿的木底鞋,上山则去前齿,下山则去后齿。见《宋书·谢灵运传》。

[15] 青云梯:指山径石级。

[16] 半壁:半山腰。海日:从海中升起的太阳。

[17] 天鸡:神话传说中的神鸡。

[18] 路不定:指山路曲折,方向多变。

[19] 暝:天色昏暗。

[20] 殷岩泉:震响于岩石与泉水之间。殷(yǐn):声音宏大。

[21] 栗深林:使深林为之战栗。惊层巅:使层峦为之震惊。

[22] 青青:黑沉沉貌。

[23] 澹澹:水波荡漾貌。烟:指水面上的雾气。

[24] 列缺:闪电。霹雳:雷声。

[25] 山峦:山峰。崩摧:崩塌。

[26] 洞天:道家称神仙居住的地方,即洞中别有天地之意。石扉:石门。

[27] 訇(hōng):巨大的响声。

[28] 青冥:青色的天空。浩荡:茫无边际貌。

[29] 金银台:神仙居住的宫阙。

[30] 云之君:云神,这里泛指神仙。

[31] 鼓:弹奏。回车:驾车。

[32] 列如麻:形容仙人众多。

[33] 悸:惊惧。

[34] 恍:突然惊醒而心神不定貌。

[35] 觉时:醒时。

[36] 向来:刚才,指梦游时。烟霞:指梦游时所见的奇幻景象。

世间行乐亦如此，古来万事东流水。
别君去兮何时还？
且放白鹿青崖间[37]，须行即骑访名山[38]。
安能摧眉折腰事权贵[39]，使我不得开心颜！

[37] 且：暂且。白鹿：传说中仙人的坐骑。
[38] 须行：要走的时候。
[39] 安能：岂能；怎能。摧眉折腰：低头弯腰。事：侍奉。

【导读】

这首诗以梦游天姥为题，并非寄情山水之作。它运用丰富的想象和大胆的夸张手法，描写天姥山的雄奇壮丽，从瀛州入笔，以虚衬实，给天姥山染上一层神奇色彩，点出入梦之由。然后叙述梦中游历天姥山的经过，由湖月到海日，由山径到层巅，再由山景幻入仙境，最后写梦境破灭，回到现实。本诗内容丰富、奇瑰缤纷、惊心动魄，感情跌宕起伏、收纵自如。此诗借梦游天姥山，抒写李白对光明、自由的渴望，对黑暗现实的不满，表达了他蔑视权贵、不卑不屈的叛逆精神。

春夜洛城闻笛

谁家玉笛暗飞声[1]，散入春风满洛城[2]。
此夜曲中闻折柳[3]，何人不起故园情[4]。

【注释】

[1] 玉笛：精美的笛。暗飞声：声音不知从何处传来。

[2] 洛城：河南洛阳。

[3] 折柳：即《折杨柳》笛曲，汉乐府古曲，内容多写离别行旅之苦。

[4] 故园：指故乡，家乡。

【导读】

这首诗写在一个静谧的春夜，突然一曲悠扬悦耳的笛声，打破了四周的寂静，在春风中仿佛传遍了整个洛阳城，此时尚未入睡的诗人闻到这笛声正是《折杨柳》，顿时油然而生思念故乡之情。李白曾以“清水出芙蓉，天然去雕饰”来赞美他人之作，实乃夫子自道。这一不事雕琢、清新自然的语言风格，来自李白对民歌的学习借鉴。

杜 甫

杜甫（712—770），字子美，生于河南巩县（今河南巩义）。肃宗朝，官左拾遗。不久，弃官入蜀。严武再任西川节度使时，表为节度参谋、检校工部员外郎。后携家出蜀，病死于江湘途中。他是我国古代伟大的现实主义诗人，其诗善铺陈，多叙事，全面而忠实地反映唐朝由盛转衰的历史过程，被后人誉为“诗史”。诗风以沉郁顿挫为主而兼具多种色调，无论古近律绝、长篇短制皆精，被苏轼评为“集大成”者。其作品集有《杜工部集》。

蜀相

丞相祠堂何处寻[1]，锦官城外柏森森[2]。
映阶碧草自春色，隔叶黄鹂空好音[3]。
三顾频烦天下计[4]，两朝开济老臣心[5]。
出师未捷身先死[6]，长使英雄泪满襟。

【注释】

[1] 丞相祠堂：指三国时代蜀国的丞相诸葛亮祠堂，即成都城南的武侯祠。

[2] 锦官城：成都的别称。

[3] 黄鹂：黄莺。

[4] 三顾：刘备三顾茅庐请诸葛亮出山。频烦：屡次烦劳诸葛亮谋划。

[5] 两朝：指先主刘备和后主刘禅两朝。开济："开"指辅佐刘备开基创业；"济"指辅佐刘禅济美守成。老臣心：竭尽老臣之心，即"鞠躬尽瘁，死而后已"之意。

[6] 出师未捷：指诸葛亮于蜀汉建兴十二年（234）率兵北伐，与司马懿隔渭水对峙，相持百余日而病死于五丈原（今陕西岐山县南）军中。

【导读】

这首诗是唐肃宗乾元三年（760）春，杜甫定居成都游武侯祠时所作。诗从祠堂所在写起，次写祠堂内外景色，"自""空"深寓诗人的感叹，渲染祠堂的荒凉，诗人感物思人之意见于言外。接着以高度凝练的语言，赞叹诸葛亮的一生谋略和功业，既表达了诗人敬仰之情、惋惜之意，同时寄寓诗人忧时伤乱、怀才不遇之感。全诗感情贯注，深沉悲壮。

客至

舍南舍北皆春水[1]，但见群鸥日日来[2]。
花径不曾缘客扫[3]，蓬门今始为君开[4]。
盘飧市远无兼味[5]，樽酒家贫只旧醅[6]。
肯与邻翁相对饮，隔篱呼取尽余杯[7]。

【注释】

[1] 舍：指杜甫的成都草堂。

[2] 但见：只见。

[3] 缘：因为。

[4] 蓬门：草屋，指草堂。

[5] 飧（sūn）：熟食。这里泛指菜肴。无兼味：只有一种菜味。

[6] 樽：酒器。醅（pēi）：未过滤的浊酒。

[7] 呼取：呼叫。取，语助词。

【导读】

这首诗写于成都草堂筑成不久的唐肃宗上元二年（761）春。题下原注：“喜崔明府相过。”明府，唐人对县令的尊称。诗写诗人在江村寂寞中明府来访，意外的喜悦。前借群鸥引端，后借邻翁作陪结束，热情率真，语言真切，如话家常，足见两人交谊之深厚。

茅屋为秋风所破歌

八月秋高风怒号，卷我屋上三重茅[1]。

茅飞渡江洒江郊，高者挂罥长林梢[2]，下者飘转沉塘坳[3]。

南村群童欺我老无力，忍能对面为盗贼[4]。

公然抱茅入竹去，唇焦口燥呼不得[5]，归来倚杖自叹息。

俄顷风定云墨色，秋天漠漠向昏黑[6]。

布衾多年冷似铁[7]，骄儿恶卧踏里裂[8]。

床头屋漏无干处，雨脚如麻未断绝[9]。

自经丧乱少睡眠[10]，长夜沾湿何由彻[11]！

安得广厦千万间[12]，大庇天下寒士俱欢颜[13]，风雨不动安如山？

呜呼！何时眼前突兀见此屋[14]，吾庐独破受冻死亦足[15]！

【注释】

[1] 三重：三层。“三”言其多，并非实指。

[2] 挂罥（juàn）：挂结。长林梢：指高大的树梢上。

[3] 塘坳：低洼积水的地方。

[4] 忍能：竟忍心这样做。能，唐人口语，犹言“这样”。

[5] 呼不得：喝止不住。

[6] 漠漠：阴沉迷蒙貌。向：接近。

[7] 布衾（qīn）：布被。

[8] 恶卧：睡不安稳。踏里裂：把被里子蹬破了。

[9] 雨脚如麻：形容雨点密，像垂下的麻线一样。

[10] 丧乱：死亡祸乱的事，这里指安史之乱。

[11] 何由彻：如何等到天亮。彻，彻晓，天亮。

[12] 安得：从哪里得到。广厦：宽敞的大屋。

[13] 庇：遮盖，掩护。

[14] 突兀：高耸貌。见（xiàn）：通“现”。

[15] 庐：房舍，这里指茅屋。

【导读】

唐肃宗上元二年（761）八月，一场暴风雨袭击了杜甫居住的成都浣花溪畔的草堂，卷走了屋顶覆盖的茅草，随之而来的秋雨，又淋得他床头全无干处。眼前的狼狈处境，引发了他对于战乱以来饱经痛苦的回忆，进而联想到和自己一样不幸的“天下寒士”，彻夜难眠，感慨万千，挥笔写下了这首记事兼抒情的歌行体七言古诗，体现了诗人推己及人的博大胸襟、崇高理想与忧国忧民的情怀。用韵上频繁转换，平去入声交替，感情波澜起伏，激起我们强烈的感情共鸣。

孟郊

孟郊（751—814），字东野，湖州武康（今浙江德清）人。唐德宗贞元十二年（796）进士。曾任溧阳尉。他的诗，极为韩愈所推重，后人并称他们为“韩孟”。苏轼则谓“郊寒岛瘦”，比之于贾岛。其诗以五言古诗成就最高，多愤世嫉俗、穷愁怨苦之辞，艺术上搜奇抉怪，追求憔悴枯槁之美。著有《孟东野诗集》。

游子吟

慈母手中线，游子身上衣[1]。
临行密密缝，意恐迟迟归[2]。
谁言寸草心[3]，报得三春晖[4]。

【注释】

［1］ 游子：离家远游的人。

［2］ 意恐：担心。

［3］ 寸草心：小草的嫩心。心：语意双关，比喻游子的心。

［4］ 报得：报答得了。三春晖：春天的阳光。语意双关，比喻慈母的爱。三春：孟春、仲春、季春。晖：阳光。

【导读】

《游子吟》是孟郊自制的乐府题，是作者于唐德宗贞元十二年（796）任溧阳县尉时所作。这是一首母爱的颂歌，它从日常生活中选取母亲送别儿子前为其一针一线地缝制衣衫的细节，于悄无声息中凸显母爱的崇高伟大，抒发了作者竭尽毕生心意也难以报答母爱于万一的感激之情。前四句用白描，后两句用比兴。“寸草心”“三春晖”之喻，形象贴切，意味深长。语言朴实无华，却至情至性，千百年来感动了无数中华儿女。

韩 愈

韩愈（768—824），字退之，河阳（今河南孟州）人。郡望昌黎，世称韩昌黎。唐德宗贞元八年（792）进士。官至吏部侍郎。他一生不遗余力地推重儒学，力排佛老；反对六朝以来骈偶的文风，提倡散体，务去陈言，倡导了唐代的古文运动。其文各体兼长，遒劲有力，条理畅达，语言精炼，为司马迁以后文学史上最杰出的散文家之一。其诗风雄奇壮伟，光怪陆离，笔力如椽，又将杜甫的“以文为诗”发展到登峰造极的程度，对后来的宋诗影响很大。著有《昌黎先生集》。

晚春[1]（草树知春不久归）

草树知春不久归[2]，百般红紫斗芳菲[3]。
杨花榆荚无才思[4]，惟解漫天作雪飞[5]。

【注释】

[1] 题一作《游城南晚春》。诗中所描写的是晚春郊游所见。方崧卿《韩集举正》谓“元和十年（815）以后作也”。

[2] 草树：指草本和木本植物。

[3] 百般：各种各样。芳菲：花草盛美。

[4] 杨花：柳絮。榆荚：亦作“榆筴”，榆树的果实。先于叶而生，联缀成串，形似铜钱，俗呼榆钱。才思：才气和思致。

[5] 解：能够，会。

【导读】

晚春时分，自然界的草木，感到春天将要归去，各自使出本领，争奇斗艳，异彩纷呈，似乎要挽留住春天的脚步。就连没有色泽香味的柳絮和榆荚，也像雪花一样漫天飞舞，将春天点缀烘托得一派生机。诗人巧用拟人手法，不仅赋予花卉鲜活的生命，还富于生活哲理：“无才思”的柳絮榆荚，相对于喧妍的花卉来说，未免显得朴拙逊色，但春天少了它们的装点，也会单调；而它们不避丑不藏拙、敢于为“晚春”添色的勇气，不也是值得称道的吗？

白居易

白居易（772—846），字乐天，号香山居士，祖籍太原，徙居下邽（今陕西渭南），生于新郑（今属河南）。唐德宗贞元十六年（800）进士。曾任翰林学士、左拾遗及左赞善大夫。因上书言事，贬江州司马。官终刑部尚书。与元稹齐名，并称"元白"，同为中唐新乐府倡导者，后又与刘禹锡并称"刘白"。他论诗重视诗歌讽谕功能，强调揭露社会弊端、反映民生疾苦，故其《新乐府》《秦中吟》中不少篇章具有强烈的现实意义和艺术感染力。感伤诗《长恨歌》《琵琶行》为唐代长篇叙事诗名作。著有《白氏长庆集》。

琵琶行[1]

浔阳江头夜送客[2]，枫叶荻花秋瑟瑟[3]。
主人下马客在船[4]，举酒欲饮无管弦[5]。
醉不成欢惨将别[6]，别时茫茫江浸月。
忽闻水上琵琶声，主人忘归客不发[7]。
寻声暗问弹者谁[8]，琵琶声停欲语迟[9]。
移船相近邀相见[10]，添酒回灯重开宴[11]。
千呼万唤始出来，犹抱琵琶半遮面。
转轴拨弦三两声[12]，未成曲调先有情。
弦弦掩抑声声思[13]，似诉平生不得意。
低眉信手续续弹[14]，说尽心中无限事。
轻拢慢撚抹复挑[15]，初为《霓裳》后《六幺》[16]。
大弦嘈嘈如急雨[17]，小弦切切如私语[18]。
嘈嘈切切错杂弹，大珠小珠落玉盘。
间关莺语花底滑[19]，幽咽泉流冰下难[20]。
冰泉冷涩弦凝绝[21]，凝绝不通声暂歇[22]。
别有幽愁暗恨生[23]，此时无声胜有声。
银瓶乍破水浆迸[24]，铁骑突出刀枪鸣[25]。
曲终收拨当心画[26]，四弦一声如裂帛[27]。
东船西舫悄无言[28]，唯见江心秋月白。
沉吟放拨插弦中[29]，整顿衣裳起敛容[30]。
自言本是京城女，家在虾蟆陵下住[31]。
十三学得琵琶成，名属教坊第一部[32]。

【注释】

[1] 唐宪宗元和十年（815），节度使李师道派人在京城长安刺死了力主削藩的宰相武元衡，刺伤了御史中丞裴度，时任左赞大夫的白居易，立即上书"急请捕贼，以雪国耻"，受到谗毁，贬为江州司马。这首诗作于次年。诗前有序云："元和十年，予左迁九江郡司马。明年秋，送客湓浦口，闻舟中夜弹琵琶者，听其音，铮铮然有京都声。问其人，本长安倡女，尝学琵琶于穆、曹二善才。年长色衰，委身为贾人妇。遂命酒，使快弹数曲，曲罢悯然。自叙少小时欢乐事，今漂沦憔悴，转徙于江湖间。予出官二年，恬然自安，感斯人言，是夕始觉有迁谪意。因为长句，歌以赠之，凡六百一十二言，命曰《琵琶行》。"行：乐府歌辞的一体，与"歌"相类，常连称为"歌行"。

[2] 浔阳江：长江流经江州的一段。江州治所在今江西省九江市。

[3] 荻（dí）：芦苇。瑟瑟：形容萧瑟的秋风。

[4] 主人：白居易自称。

[5] 管弦：乐器，这里指音乐。

[6] 惨：凄凉伤感。

[7] 发：动身。

[8] 寻声：循着琵琶声去找。暗问：低声问。

[9] 欲语迟：想要答话又迟疑起来。

[10] 移船：指诗人所乘船向琵琶女的船靠拢。

[11] 回灯：把灯重新拨亮。

[12] 转轴：转动系弦的木轴，调试弦音的高低。轴，琵琶上缠绞丝弦的弦柱，可以转动。三两声：指试弹几声。

[13] 掩抑：形容声音低沉。思：哀怨的情思。

[14] 信手：随手。

[15] 拢、捻、抹、挑：皆为弹奏琵琶时所用指法的专门术语。拢为左手指扣弦，捻为左手指揉弦，抹为右手下拨，挑为右手上拨。

[16] 霓裳：即《霓裳羽衣曲》。六幺：亦称《录要》《绿腰》。二曲均为当时著名乐曲。

[17] 大弦：琵琶共有四弦，粗细不同。最粗的弦叫大弦。嘈嘈：形容声音沉重舒长。

[18] 小弦：琵琶上最细的弦。切切：形容声音细促轻幽。

[19] 间关：鸟鸣声。滑：形容莺声宛转流利。

[20] 幽咽：形容微弱的、若有若无的声音。

[21] 凝绝：凝结滞涩。

[22] 歇：停顿。

[23] 幽愁暗恨：藏在内心的哀愁和怨恨。

[24] 银瓶：从井里汲水的器具。乍破：突然破裂。迸（bèng）：溅射。这句形容乐声突然清脆高扬。

[25] "铁骑"句：形容乐声雄壮铿锵。

[26] 拨：弹拨琵琶弦的工具，即"拨子"。当心画：用拨子在琵琶四根弦的中部划过，称"收拨"。

[27] 如裂帛：形容那当心一划的音响强烈而清脆。

[28] 舫：船。

[29] 沉吟：欲语未语貌。

[30] 敛容：矜持、严肃的神态。

[31] 虾蟆陵：在唐长安城（今陕西省西安市）东南曲江附近，是当时歌伎舞女聚居之地。相传这里原是汉董仲舒墓所在，董的门人经过这里，必下马致敬，遂名"下马陵"，后来讹呼为"虾蟆陵"。

[32] 教坊第一部：教坊是唐代官办的教习歌舞技艺的机构。玄宗开元年间，在蓬莱宫旁设内教坊，在京城光宅坊设教坊，延政坊设左教坊。第一部即第一队，意指最优秀的歌舞演奏队。

曲罢曾教善才服[33]，妆成每被秋娘妒[34]。
五陵年少争缠头[35]，一曲红绡不知数[36]。
钿头云篦击节碎[37]，血色罗裙翻酒污[38]。
今年欢笑复明年，秋月春风等闲度[39]。
弟走从军阿姨死[40]，暮去朝来颜色故[41]。
门前冷落鞍马稀[42]，老大嫁作商人妇[43]。
商人重利轻别离，前月浮梁买茶去[44]。
去来江口守空船[45]，绕船月明江水寒[46]。
夜深忽梦少年事，梦啼妆泪红阑干[47]。
我闻琵琶已叹息，又闻此语重唧唧[48]。
同是天涯沦落人[49]，相逢何必曾相识。
我从去年辞帝京，谪居卧病浔阳城[50]。
浔阳地僻无音乐，终岁不闻丝竹声。
住近湓江地低湿[51]，黄芦苦竹绕宅生。
其间旦暮闻何物，杜鹃啼血猿哀鸣。
春江花朝秋月夜，往往取酒还独倾[52]。
岂无山歌与村笛，呕哑嘲哳难为听[53]。
今夜闻君琵琶语[54]，如听仙乐耳暂明[55]。
莫辞更坐弹一曲[56]，为君翻作《琵琶行》[57]。
感我此言良久立[58]，却坐促弦弦转急[59]。
凄凄不似向前声[60]，满座重闻皆掩泣。
座中泣下谁最多[61]？江州司马青衫湿[62]。

[33] 伏：折服。

[34] 秋娘：本为长安著名歌妓，这里泛指美丽的女子。

[35] 五陵年少：指富贵子弟。五陵，汉朝的长陵、安陵、阳陵、茂陵、平陵，皆在长安北郊，后为豪门富户的聚居地。争：这里指抢着多送之意。缠头：当时习俗，以锦帛珍贵织品赠给歌女，称“缠头彩”。

[36] 绡：一种精细轻薄的丝织品。

[37] 钿（diàn）头云篦（bì）：一种用黄金珠宝镶嵌的云形发饰。击节：打拍子。

[38] 血色：鲜红色。

[39] 秋月春风：指美好的青春岁月。等闲度：随随便便地消磨过去了。

[40] 阿姨：即鸨母。或说指教坊要好的姊妹。

[41] 颜色故：容颜衰老。故，旧。

[42] 鞍马稀：指来的客人少了。

[43] 老大：上了年纪。

[44] 浮梁：县名，唐属饶州，今江西省景德镇市，为唐代茶叶一大集散地。

[45] 去来：去后。

[46] “绕船”句：写独守空船，孤独凄凉的境遇。

[47] 阑干：泪痕纵横貌。

[48] 唧唧：叹息声。

[49] 天涯沦落：漂泊他乡。

[50] 浔阳城：江州州治所在地，今江西省九江市。

[51] 湓江：湓水，源出今江西省瑞昌县，流入长江。其入口处称湓浦口，又称湓口，在今九江城的西南。

[52] 独倾：自斟自饮。

[53] 呕哑嘲哳（zhāo zhā）：形容声音嘈杂繁碎。

[54] 琵琶语：琵琶所弹奏的乐曲。

[55] 耳暂明：耳朵霎时清亮了。暂，猝然，突然。

[56] 更坐：重新坐下。

[57] 翻作：依曲调写成歌词。

[58] 良久：很久。

[59] 却坐促弦：重新入座上轴紧弦。

[60] 向前声：即向时声，指刚才弹奏过的曲调。

[61] 座中：其中。

[62] 青衫：唐朝八品、九品文官的服色。

【导读】

这首诗通过对琵琶女不幸遭遇的描写与同情，寄托了作者“沦落天涯”的身世之感。在刻画琵琶女时，通过描写她从犹豫到与作者相见，从“千呼万唤始出来”到弹奏琵琶的轻重缓急之变化，揭示出她伤痛累累的内心世界，成功塑造了一位被侮辱被损害的风尘女子形象。在描绘琵琶女演奏乐曲时，以层出不穷的新颖比喻，将抽象的音乐形象化为具象可感的自然景象与生活场景，“此时无声胜有声”一句，传达出乐曲间歇、休止时余音袅袅、韵味无穷的精妙意境。乐曲声情的起伏，与琵琶女复杂的情感变化，达到了和谐统一，富有强烈的艺术感染力。

钱塘湖春行[1]

孤山寺北贾亭西[2]，水面初平云脚低[3]。
几处早莺争暖树[4]，谁家新燕啄春泥。
乱花渐欲迷人眼[5]，浅草才能没马蹄[6]。
最爱湖东行不足，绿杨阴里白沙堤[7]。

【注释】

[1] 这首诗是唐穆宗长庆三年、四年（823、824）春天，白居易在杭州任刺史时所作。钱塘湖：即西湖，在今浙江省杭州市西，风景优美，多名胜古迹，为游览胜地。

[2] 孤山：在西湖的后湖与外湖之间，孤峰独秀，故名孤山。山上有孤山寺，陈文帝天嘉初年建。贾亭：一名贾公亭，唐贞元年间杭州刺史贾全所建。

[3] 云脚：雨前或雨后接近地面的云气。

[4] 暖树：向阳的树枝。

[5] 乱花：到处开放的花。

[6] 浅草：短草。

[7] 白沙堤：亦名断桥堤，即今误传为白居易所筑之白堤，横亘于西湖东西向的湖面上。

【导读】

这首诗描写杭州西湖早春风光。全诗紧扣“春行”二字展开，随着诗人的行踪，画面层见迭出，使人目不暇给：孤山寺，贾亭，湖水，云气，莺争暖树，燕啄新泥，乱花迷眼，草没马蹄，绿杨成荫，长堤横亘……色彩明丽，风光旖旎，春意盎然。作者禁不住发出“最爱湖东行不足”的赞叹，表达了诗人流连忘返的骀荡欢悦感受。

元稹

元稹（779—831），字微之，河南洛阳人。唐德宗贞元九年（793）以明经及第，十八年举书判拔萃科，授秘书省校书郎。历监察御史，因得罪宦官，贬江陵士曹参军。长庆二年（822）二月，拜相。六月，出为同州刺史。转越州，兼浙东观察使。卒于武昌节度使任所。其诗与白居易齐名，并称“元白”，同为中唐新乐府倡导者。其诗各体均工，才情富艳。乐府创作，题兼新古，题材广泛，颇具现实意义。其悼亡诗情感浓郁，真挚感人；艳诗开晚唐闺情诗之先河。著有《元氏长庆集》。

离思（曾经沧海难为水）

曾经沧海难为水[1]，除却巫山不是云[2]。
取次花丛懒回顾[3]，半缘修道半缘君[4]。

【注释】

[1] “曾经”句：《孟子·尽心》：“观于海者难为水，游于圣人之门者难为言。”

[2] 巫山：宋玉《高唐赋》记楚襄王游云梦台馆，望高阳宫观，言怀王与巫山神女相会。神女辞别时说：“妾在巫册之阳，高阳之阻。朝为行云，暮为行雨，朝朝暮暮，阳台之下。”此后便称男女幽会为巫山。

[3] 取次：次序，一个接一个。

[4] 缘：因为。修道：信奉佛教。君：这里指亡妻韦丛。

【导读】

《离思》是一组悼念亡妻韦丛之作。本题共五首，这首诗为第四首，运用比兴手法，谓经历过“沧海”“巫山”，对别处的水和云就看不上眼，隐喻他们夫妻之情有如沧海之水和巫山之云，词意悲壮。接着以“懒回顾”“花丛”暗喻对女色绝无眷恋之意，一半是由于修道，一半是由于对韦氏的忠贞不渝，婉曲深沉。全诗托物寄情，感情跌宕，赞美了夫妻间的恩爱，表达了对亡妻的忠贞与怀念。不愧为唐人悼亡诗中的精品。

刘禹锡

刘禹锡（772—842），字梦得，洛阳人。唐德宗贞元九年（793）进士，后由地方调入京城，为监察御史。曾与柳宗元等参加革新政治的王叔文集团。失败后，贬朗州司马，历连州、夔州、和州刺史。后入朝为主客郎中，以太子宾客分司东都，世称刘宾客。官终检校礼部尚书。与柳宗元交谊最深，世称“刘柳”，又与白居易并称“刘白”。其诗沉着稳练，风调自然，而格律精切。其学习民歌创作的《竹枝词》等，对后世影响很大。著有《刘梦得文集》。

酬乐天扬州初逢席上见赠[1]

巴山楚水凄凉地[2]，二十三年弃置身[3]。
怀旧空吟闻笛赋[4]，到乡翻似烂柯人[5]。
沉舟侧畔千帆过[6]，病树前头万木春。
今日听君歌一曲，暂凭杯酒长精神[7]。

【注释】

[1] 唐敬宗宝历二年（826）冬，刘禹锡罢和州（今安徽省和县）刺史，召还京城，途经扬州与白居易相遇，白有《醉赠刘二十八使君》诗赠刘，这首诗即酬答之作。酬：酬答，这里是以诗回赠之意。

[2] 巴山楚水：四川和两湖一带，这里泛指诗人贬谪之地。

[3] 二十三年：刘禹锡从唐宪宗永贞元年（805）被贬出京至唐敬宗宝历二年（826）应召回京，历时22年，谓“二十三”指预计回到京城时，已跨入二十三年头。

[4] 怀旧：怀念故友。闻笛赋：晋人向秀途经亡友嵇康、吕安旧居，闻邻人吹笛，不胜悲伤，因赋《思旧赋》。

[5] 烂柯人：指王质。《述异志》载：晋人王质进山打柴，见两个童子下棋，便旁观至终，发觉手中斧柄已朽烂。回到村里，同辈之人都已死尽，方知已过百年。诗人借以表达暮年返乡，恍如隔世的感叹。柯：斧柄。

[6] 沉舟：与下句“病树”均为诗人自况。侧畔：旁边。

[7] 长：增长；振作。

【导读】

这首诗开篇针对白居易《醉赠刘二十八使君》末联“亦知合被才名折，二十三年折太多”，直陈遭受政治打击，长期被贬异地的愤慨不平之情。接着表达伤怀故友、人事全非、恍如隔世的感慨，抒发宦海沉浮、蹉跎岁月的惆怅。最后以蕴含哲理的象征，勉励友人要走出感情低谷、迎接新的生活，表现了诗人坚毅豁达的胸襟和重新振作的精神。伤感而不颓唐，沉郁中见豪放，勉人自励，催人奋进。

乌衣巷[1]

朱雀桥边野草花[2]，乌衣巷口夕阳斜。
旧时王谢堂前燕[3]，飞入寻常百姓家。

【注释】

[1] 这首诗作于唐敬宗宝历二年（826），《金陵五题》之第二首。乌衣巷：金陵城内街名，位于秦淮河南，与朱雀桥相近。三国时吴国曾设军营于此，军士都穿黑衣，故名。东晋朝为王导、谢安等世族豪门居住之地。

[2] 朱雀桥：六朝时金陵正南朱雀门外横跨秦淮河的大桥，距乌衣巷不远，在当时是车马往来的交通要道。

[3] 王谢：东晋时有名的世家大族。

【导读】

这首咏史小诗从“乌衣巷”的现况切入：南京市通往乌衣巷的必经之路——朱雀桥边野草丛生，花开无主，乌衣巷笼罩在夕阳斜照里，一派荒凉衰败的景象。接着，笔锋一转，当年垒巢于东晋王、谢世族豪门之堂的燕子，如今已飞入乌衣巷的新主人普通百姓人家了。至此揭示出诗的主旨：在沧桑之变中，曾经权倾朝野、声势显赫的豪门富贵已经烟消云散，乌衣巷昔日的繁华已成为历史的陈迹。荣辱无常，富贵难保。诗中作为历史盛衰见证的“燕子”，设计尤为巧妙，起到了今昔对比、引人联想的艺术作用。

李 贺

李贺（790—816），字长吉，居于福昌昌谷（今河南宜阳）。因避父晋叔讳，不得参加进士考试。唐宪宗元和六年（811），官奉礼郎。年少失意，郁郁而死，年仅二十七。他早著诗名，尤擅乐府，善于熔铸词采，驰骋想象，运用神话传说，创造出斑斓绚丽的形象、虚荒诞幻的意境。其诗常冲破现实逻辑，张扬主观情感。著有《李长吉歌诗》。

雁门太守行

黑云压城城欲摧[1]，甲光向日金鳞开[2]。
角声满天秋色里，塞上燕脂凝夜紫[3]。
半卷红旗临易水[4]，霜重鼓寒声不起[5]。
报君黄金台上意[6]，提携玉龙为君死[7]。

【注释】

[1] 黑云压城：比喻敌军兵临城下，人马众多、来势凶猛。

[2] “甲光”句：写太阳透过云隙照在唐军守城将士的铠甲上，像鱼鳞一样闪动着五光十色的异彩。

[3] “塞上”句：描写夜幕笼罩下的战场，遍地鲜血在夜色里泛着紫光。

[4] 易水：在今河北省易县。这句写唐朝增援部队。

[5] “霜重”句：描写战地艰苦。

[6] 黄金台：战国时燕昭王所筑，为招揽人才曾置千金于台上。故址在今河北省易县东南。

[7] 玉龙：指宝剑。

【导读】

这首诗可能是写一次平定藩镇叛乱的战争。它描写敌人围城，敌众我寡，唐军守城，顽强抵抗，战争气氛紧张，战场血流遍地。接着叙写唐朝援军抵达易水，与敌人展开了艰苦卓绝的浴血奋战，为最后两句铺垫：将士们表示，为了报效朝廷，决心与敌人血战到底，表现出英勇悲壮的英雄气概。艺术上，用浓艳的色彩渲染战争场面，形成鲜明对比，使之产生强烈的视觉效果，从而表达诗人爱憎分明的感情倾向。

杜 牧

杜牧（803—852），字牧之，京兆万年（今陕西西安）人。祖居长安南樊川，世称“杜樊川”。唐文宗太和二年（828）年进士，又制策登科，授弘文馆校书郎，历任黄、池、睦、湖等州刺史，后入朝为司勋员外郎，官终中书舍人。其诗与李商隐齐名，世称“小李杜”。古体豪健跌宕，骨气遒劲，近体情致俊爽，风调轻利，尤擅七绝。著有《樊川文集》。

题乌江亭[1]

胜败兵家事不期[2]，包羞忍耻是男儿[3]。
江东子弟多才俊[4]，卷土重来未可知。

【注释】

[1] 乌江亭：在今安徽和县东北的乌江浦，旧传是项羽自刎之处。

[2] 期：预料。

[3] 包羞：忍受羞辱。

[4] 江东：长江下游以东地区。才俊：才能出众的人。

【导读】

项羽战败后突围退至乌江，亭长建议他渡江，他愧对江东父兄，羞愤自杀。这首诗对此发表议论，谓胜败乃兵家常事，能够忍受羞辱者才是真正的大丈夫。如果项羽听取亭长的衷言，退守江东，从长计议，后日重整旗鼓，东山再起，或许不可易量。它一反历来对项羽英雄气节的歌颂，认为力能拔山、气可盖世的西楚霸王，至死未悟自己失败的原因何在，又不能忍辱含诟，刚愎自用，有愧于英雄称号。讽刺中提倡一种百折不挠的精神。

李商隐

李商隐（813—858），字义山，号玉溪生，又号樊南生。怀州河内（今河南沁阳）人。唐文宗开成二年（837）进士。曾任秘书省校书郎、弘农县尉、节度判官等职，婚后卷入牛、李党争，在政治上备受排挤，一生困顿失意。其诗多写时代乱离、个人失意的感慨，其中借古讽今的咏史诗和缠绵深挚的爱情诗最有特色，情调感伤，寄托遥深，包孕密致，题旨隐秘。著有《李义山诗集》。

锦瑟

锦瑟无端五十弦[1]，一弦一柱思华年[2]。
庄生晓梦迷蝴蝶[3]，望帝春心托杜鹃[4]。
沧海月明珠有泪[5]，蓝田日暖玉生烟[6]。
此情可待成追忆[7]？只是当时已惘然[8]。

【注释】

［1］ 锦瑟：绘有锦绣般美丽花纹的瑟。无端：平白无故。五十弦：传说古瑟原为五十弦，后改为二十五弦。

［2］ 柱：系弦的木柱，可上下移动，以定声音的清浊高低。华年：青年时代，这里含有年华身世之意。

［3］ 庄生：庄周。《庄子·齐物论》："昔者庄周梦为蝴蝶，栩栩然蝴蝶也；自喻适志与？不知周也。俄然觉，蘧蘧然周也。不知周之梦为蝴蝶与？蝴蝶之梦为周与？"晓梦：言梦境之短暂。

［4］ 望帝：传说蜀国望帝杜宇自渐德薄，让位于人，逃亡深山，化为杜鹃。每逢春天，杜鹃哀鸣泪尽，并继之以血。诗人以望帝自喻，意思说，望帝既已化为杜鹃，只能凭借鸟鸣表达伤春之感，而自己也是人生无奈，只能借托文字以抒写内心的哀怨。

［5］ 沧海：青苍色的大海。月明珠有泪：古代认为海中蚌珠的圆缺与月的盈亏相应，故把"月明"和"珠"联系起来；又有海底鲛人泪能变珠的传说，故把"珠"与"泪"联系起来。这里以沧海珠泪表示自己遭受摈弃，不得重用的不幸和痛苦。

［6］ 蓝田：山名，又名玉山，在今陕西省蓝田县，是著名的产玉地。

［7］ 此情：统领颔联、颈联所回忆的种种境界情事。可待：岂待。

［8］ 惘然：怅然若失貌。

【导读】

这是李商隐晚年的一首无题诗。由于"此情可待"之"情"的指向未明言，全诗只是感情载体——意象的呈示，所以关于它究竟写什么，历来众说纷纭，见仁见智。概括起来主要有五种看法：① 认为锦瑟是令狐楚家婢女名，是一首爱情诗；② 认为是追怀亡妻而作，是一首悼亡诗；③ 是一首咏物诗，中间两联分别咏瑟清、和、适、怨四音；④ 是作者晚年追忆生平、自伤身世之作；⑤ 是一首论诗诗。这里按第四种说法来解读此诗。首联说锦瑟不知为何有五十根弦，如今我正当五十岁，于是它引起了我对往事的回忆。中间两联说身世遭逢如梦似幻，忧世伤春如杜鹃泣血，才而见弃如沧海遗珠，追求向往终归虚幻缥缈。末联说上述种种境况难道要等到追忆时才感到惘然吗？当时发生的时候就已感到惘然若失了。李商隐一生由于婚姻而卷入党争，仕途极为失意，加上爱妻早逝，这种双重悲剧压得他喘不过气来，他无人可以倾诉，只有自言自语，因此其生命体验极为深刻、内敛，造成其诗特别是无题诗审美接受上的"司芬克斯"之谜，这首《锦瑟》最为典型。

无　题（昨夜星辰昨夜风）

昨夜星辰昨夜风，画楼西畔桂堂东。
身无彩凤双飞翼[1]，心有灵犀一点通[2]。
隔座送钩春酒暖[3]，分曹射覆蜡灯红[4]。
嗟余听鼓应官去[5]，走马兰台类转蓬[6]。

【注释】

[1] 彩凤：有彩色羽毛的凤凰。

[2] 灵犀：古代把犀牛角视为灵异之物。犀角中心的髓质像一条白线贯通上下，诗中借喻相爱的双方心灵的感应与暗通。

[3] 送钩：又称藏钩，古代一种游戏。

[4] 射覆：古代游戏。在巾盂等物下面覆盖着东西让人猜。

[5] 听鼓：唐制，五更二点，鼓自内发，诸街鼓承振，坊市门皆启。鼓响天明，即须上班。应官：上班应差。

[6] 兰台：汉代藏图书秘籍的宫观叫兰台。这里借指诗人供职的秘书省。

【导读】

诗中所怀想的对象可能是一位贵家女子，抒写的是对昨夜一夕相值、旋成间隔的意中人的深切怀想。“身无”“心有”互相映照，不仅表达了心虽相通而身不能接触的苦闷，而且传递出间隔中的契合、苦闷中的欣喜、寂寞中的慰藉，将对立感情的相互渗透与交融表现得深刻细致而又主次分明。追忆灯红酒暖、送钩射覆的晚会，对昨夜的留恋更加深了今夕相隔的怅惘。最后于爱情间隔的嗟叹中透露飘泊之感，使这首诗在吟唱爱情的无题内容上带有自伤身世的意味。

程颢

程颢（1032—1085），字伯淳，学者称其“明道先生”。洛阳（今属河南）人。宋仁宗嘉祐年间进士，神宗朝任太子中允监察御史里行。他是北宋著名的理学家、教育家、诗人。其学说在理学发展史上占有重要地位，后来为朱熹所继承和发展，世称“程朱学派”。其亲撰及后人集其言论所编的著述书籍，收入《二程全书》。

秋日偶成（闲来无事不从容）

闲来无事不从容，睡觉东窗日已红。
万物静观皆自得[1]，四时佳兴与人同[2]。
道通天地有形外，思入风云变态中。
富贵不淫贫贱乐，男儿到此是豪雄[3]。

【注释】

[1]　“万物”句：据宋张九成《横浦日新》记载，程颢用小盆养鱼数尾，不时观之，谓观万物自得意。

[2]　四时：指春、夏、秋、冬四季。

[3]　“富贵”句：《孟子·滕文公下》云：“富贵不能淫，贫贱不能移，威武不能屈，此之谓大丈夫。”

【导读】

这首诗虽说是秋天偶然写成，可是仔细玩味，却能看出程颢的人生态度。在他看来，一个人如果心境悠闲，就会从容不迫，一觉可以睡到红日映窗，醒来便觉精力充沛。这时，气定神闲地观赏大自然，便会发觉天地万物，各得其所；春夏秋冬，各臻其妙。不知不觉中，自己的精神便与天地万物融通起来，思想也渗透在了风云变幻之中。这种神与物游、思通天地带来的精神体验，也便使人摆脱了世间富贵贫贱带来的羁缚，获得了一种超然物外的精神快乐。诗人认为，只有不计富贵贫贱，以精神探索为乐的人，才算是真正的豪雄。

苏轼

苏轼（1037—1101），字子瞻，号东坡居士，眉州眉山（今属四川）人。宋仁宗嘉祐二年（1057）进士。做过多任京官和地方官。因“乌台诗案”受到多次打击和磨难，先后贬官黄州、惠州和儋州。他性情达观，无论命运把他抛向哪里，都能随遇而安。他是一个多才多艺的人，诗、词、文、书法，都有一流的成就。著有《苏东坡集》、《东坡乐府》。

和子由渑池怀旧[1]

人生到处知何似，应似飞鸿踏雪泥。
泥上偶然留指爪，鸿飞那复计东西。
老僧已死成新塔[2]，坏壁无由见旧题。
往日崎岖还记否，路长人困蹇驴嘶[3]。

【注释】

[1] 子由：即苏轼弟苏辙，字子由。渑（miǎn）池：地名，今属河南。

[2] 老僧：即指奉闲。苏辙原诗“旧宿僧房壁共题”自注：“昔与子瞻应举，过宿县中寺舍，题其老僧奉闲之壁。”古代僧人死后，以塔葬其骨灰。

[3] 蹇（jiǎn）驴：腿脚不灵便的驴子。蹇，跛脚。苏轼自注：“往岁，马死于二陵（按即崤山，在渑池西），骑驴至渑池。”

【导读】

宋仁宗嘉祐六年（1061）冬，苏轼出任陕西凤翔府签判，苏辙送他至郑州，然后返回开封，作诗《怀渑池寄子瞻兄》，苏轼因此和诗回赠。

苏辙原诗充满怀旧情绪。十九岁时，他被任命为渑池县主簿，未曾赴任。嘉祐元年，他与苏轼赴京应试，路经渑池，同住县中僧舍，并在壁上题诗。所以，他在诗里说：“曾为县吏民知否？旧宿僧房壁共题。”诗中流露出一种浮生若寄、变幻不定的惆怅与感慨。苏轼由此出发，进一步抒发他对人生的感喟与领悟。在他看来，人的一生，或为读书，或为应举，或为做官，或为谋生，东奔西走，行无定踪，感觉就像鸿雁，飞来飞去，或东或西，偶然在雪地上驻足留印，但转眼间，鸿飞雪化，一切又都不复存在。诗人以“雪泥鸿爪”，譬喻人生往事的遗踪，颇为精妙传神，故而脍炙人口，千古传诵。接下来的四句诗，既是对苏辙怀旧之情的共鸣，也是“雪泥鸿爪”的具体印证。他想对苏辙说的是，人的一生固然会留下些许痕迹，但随时都会变灭无存；既然这是不以人的意志为转移的，那么又何必纠结于过往的人事呢？回想当年你我兄弟旅途颠沛，历尽艰辛，现如今两人都中了进士，前途光明，因此更当珍惜当下，乐观前行。由此不难看出诗人早年的积极向上的人生态度，以及后来处在颠沛之中的乐观精神的底蕴。

黄庭坚

黄庭坚（1045—1105），字鲁直，号山谷道人，又号涪翁，洪州分宁（今江西修水）人。宋英宗治平四年（1067）进士。历任北京（今河北大名）国子监教授、知泰和县（今属江西），召为校书郎、秘书丞兼国史编修官。哲宗、徽宗朝先后被贬涪州（今四川涪陵）别驾、除名羁管宜州（今广西宜山）。他是“苏门四学士”之一，“江西诗派”诗歌的领袖人物。其诗富有思致，讲究烹字炼句，风格兀傲瘦硬，为宋诗风范的代表。又能词，书法亦列入“宋四家”之一。著有《山谷全集》。

登快阁

痴儿了却公家事[1]，快阁东西倚晚晴[2]。
落木千山天远大[3]，澄江一道月分明[4]。
朱弦已为佳人绝[5]，青眼聊因美酒横[6]。
万里归船弄长笛[7]，此心吾与白鸥盟[8]。

【注释】

[1] 痴儿：作者自嘲。《晋书·傅咸传》："生子痴，了官事，官事未易了也。了事正作痴，复为快耳。"

[2] 快阁：在泰和县治东赣江上，以江山广远、景物清华著称。

[3] 落木：树木落叶。

[4] 澄江：指赣江。颔联实脱胎于柳宗元《游南亭夜还叙志七十韵》"木落寒山静，江空秋月高"。

[5] 朱弦：琴弦。佳人：指知心朋友。这句叹世无知音。《吕氏春秋·本味》载钟子期为伯牙的知音好友，"钟子期死，伯牙破琴绝弦，终身不复鼓琴，以为世无足复为鼓琴者"。

[6] 青眼：表示好感的眼色。聊：姑且。《晋书·阮籍传》："籍又能为青白眼，嵇喜来吊，籍作白眼，喜不怿而退。喜弟康闻之，乃赍酒挟琴造焉，籍大悦，乃见青眼。"横：这里作"流动"解，含取媚之意，本自王观《卜算子·送鲍浩然之浙东》"水是眼波横，山是眉峰聚"。

[7] 弄：吹奏。

[8] 白鸥盟：与白鸥订立盟约，共居水云之乡，借指归隐。

【导读】

这首诗作于宋神宗元丰五年（1082）作者任吉州太和（今属江西泰和）知县时。诗人办完了一天的公务，登快阁观赏晚景，之所以自称"痴儿"，一则表明不效法晋朝清谈家尚空谈，做官尽职守，为民勤政；一则自嘲，拙于应酬逢迎。接着描写登阁所见，实则作者开阔胸襟、空寂心境之写照。后四句叹无知音，姑且以美酒为友，表示要弃官归隐，过着闲适自得、没有心机算计的与世无争的生活，体现了作者不与官场同流合污、保持清白人格节操的愿望。

陆 游

陆游（1125—1210），字务观，号放翁，越州山阴（今浙江绍兴）人。宋高宗绍兴二十三年（1153）试礼部名列前茅，因遭秦桧忌恨，被除名。孝宗时赐进士出身。历任镇江、隆兴、夔州通判，并参加王炎、范成大幕府，共谋恢复大计。光宗时，官朝议大夫、礼部郎中。后被劾去职，归老故乡。他是南宋伟大的爱国主义诗人，其作品题材广阔，爱国主义的主旋律贯穿其中，风格融现实主义与浪漫主义为一炉。词和散文的成就也很高。著有《渭南文集》《剑南诗稿》。

游山西村[1]

莫笑农家腊酒浑[2]，丰年留客足鸡豚[3]。
山重水复疑无路，柳暗花明又一村[4]。
箫鼓追随春社近[5]，衣冠简朴古风存。
从今若许闲乘月[6]，拄杖无时夜叩门[7]。

【注释】

[1] 宋孝宗乾道二年（1166），陆游自隆兴（治所在今江西省南昌市）通判因力劝张浚用兵罢官归故乡，居山阴（今浙江省绍兴县）镜湖之三山村。这首诗可能是第二年春所作。

[2] 腊酒：头年腊月所酿的酒。浑：浑浊。酒以清为贵。

[3] 豚（tún）：小猪，这里泛指猪肉。

[4] 柳暗花明：柳色深绿，花色红艳。

[5] "箫鼓"句：将近社日，村民在迎神赛会的箫鼓中忙碌地准备着。古代以立春节后第五个戊日为春社日，祭祀土地神以祈丰年。

[6] 闲乘月：趁着月明之夜闲游。

[7] 无时：不定时，随时。

【导读】

这首诗对山村农家的自然风光与风俗人情做了绘声绘色的描绘。在五谷丰登的年月，农民们杀鸡宰猪，置办酒宴，迎神赛会，欢庆丰年。诗人应邀前往做客，在山环水绕的田野中迤逦前行，正疑心前途无路，忽又见柳荫暗绿，花色明丽，一个村庄映入眼帘。不久，又听到箫鼓之声阵阵传来；走进村子，只见村民们衣冠简朴，古风犹存，喜气洋洋，热闹非凡。与村民们闲话桑麻，酒足饭饱之后，诗人意犹未尽，对村民们说，今后如果有闲空，我会趁着月色，拄着手杖，随时来敲你们的门的。可见，诗人多么醉心于这种风俗淳厚的农家生活。诗中"山重水复疑无路，柳暗花明又一村"，虽然描写山野风光，但却富有哲理意趣，它启迪人们，当人生旅途遇到挫折、感到困惑迷茫时，不要止步，更不要退缩，继续前行，就会峰回路转，一片开阔明丽！

书 愤

早岁那知世事艰[1]，中原北望气如山[2]。
楼船夜雪瓜洲渡[3]，铁马秋风大散关[4]。
塞上长城空自许[5]，镜中衰鬓已先斑。
《出师》一表真名世[6]，千载谁堪伯仲间[7]！

【注释】

[1] 世事艰：指抗金复国的事业不断受到投降派的阻挠破坏，自身屡遭排挤打击。

[2] 气：指收复中原的志气。

[3] 楼船：指战舰。瓜洲渡：在镇江北岸，运河入长江处，是当时的江防要地。

[4] 大散关：在今陕西宝鸡西南大散岭上，是当时南宋与金的边界关。

[5] 塞上长城：南朝刘宋名将檀道济伐北魏有功，自许"万里长城"。这里作者借以自喻，意谓北定中原的愿望落空。

[6] 《出师》一表：诸葛亮在蜀汉后主建兴五年（227）三月出兵伐魏前，写了一篇《出师表》，表示自己"北定中原""兴复汉室"的决心。名世：名传后世。

[7] 伯仲：原指兄弟间长幼次序，引申为衡量比较人物等次。这里有相提并论之意。

【导读】

这首诗为宋孝宗淳熙十三年（1186）陆游闲居山阴时作。它追叙青壮年时期的军旅生活，气壮如山。接着回到现实，痛惜北定中原的愿望落空，自伤迟暮。最后以诸葛亮自励，表达老当益壮、立誓报国的坚定信念。艺术上，颔联为不用动词或连词连缀全由名词组合而成的迭现对，极富概括性。又运用对比手法，感情激愤，风格悲壮。

文天祥

文天祥（1236—1283），字履善、宋瑞，号文山，吉州庐陵（今江西吉安）人，宋理宗宝祐四年（1256）进士第一。历官湖南提刑、知赣州（今属江西）。宋恭帝德祐元年（1275）年，他奉诏起兵勤王任右丞相，出使元军被拘，脱险后至福建重新募集将士，攻江西，恢复州县多处。终因众寡悬殊，兵败被俘。元人迫其投降，但他誓死不屈，乃从容就义于大都（今北京）。他后期的诗歌，多写时事，直抒胸臆，充溢着民族正气与战斗意志，慷慨悲壮，极为感人。著有《文山先生全集》。

过零丁洋[1]

辛苦遭逢起一经[2]，干戈寥落四周星[3]。
山河破碎风飘絮，身世浮沉雨打萍。
惶恐滩头说惶恐[4]，零丁洋里叹零丁[5]。
人生自古谁无死，留取丹心照汗青[6]。

【注释】

[1] 文天祥于宋祥兴元年（1278）十月被俘。次年正月，元将张弘范胁迫他招降宋臣张世杰等人，他坚决拒绝，并作此诗以明志。零丁洋：又名伶仃洋，在今广东省珠江口。

[2] 遭逢：遭遇。起一经：通过科举考试被起用为官。

[3] 干戈：古代的兵器盾和矛。这里喻抗元战争。寥落：稀疏冷落。指高举义旗为国捐躯者寥寥无几，暗含对投降派的谴责。四周星：四年。北斗星的斗柄每年旋转一周，旋转四周即四年。作者从宋恭帝德祐元年（1275）在赣起兵勤王，至祥兴元年（1278）被俘，历时四年。

[4] 惶恐滩：原名黄公滩，江西万安赣江中十八滩之一。作者曾兵败于此。

[5] 零丁：同“伶仃”，孤独无依貌。

[6] 留取：留得。丹心：赤诚之心。汗青：我国古代在竹简上书写文字，书写前先用火烤干其中的水分，以便于书写和防止虫蛀，这一过程叫“汗青”。后来指史册。

【导读】

这首诗前六句作者回顾和总结生平经历：生活在艰辛的岁月，凭着精通经书踏上了仕途，投身于抗元生涯，孤军奋战已有四个年头。抒发了“山河破碎”“身世浮沉”的悲痛和感慨。最后两句表达了作者视死如归的大无畏精神和崇高的民族气节。艺术上，巧妙利用地名抒发情感，语义双关，将忠于祖国与感叹身世的感情有机地结合起来。结尾笔锋陡转，表明作者态度的决绝和气节的高昂，使全篇由悲而壮，气势磅礴，催人奋发。

龚自珍

龚自珍（1792—1841），一名巩祚，字璱人，号定庵。浙江仁和（今杭州）人。二十七岁中举，道光九年（1829）进士，历任国史馆校对官、内阁中书、礼部主客司主事。道光十九年（1839）因触犯时忌而愤然辞官南归，不久暴卒于江苏丹阳书院。他精通经学、文字学和史地学，学识渊博。曾与林则徐、魏源等结成“宣南诗社”，讲求经世之学，力主改革内政、抵御外侮，是近代改良主义运动的先驱。其诗善于抒发感慨，纵横议论。著有《定庵全集》。

己亥杂诗二首[1]

其五

浩荡离愁白日斜[2]，吟鞭东指即天涯[3]。
落红不是无情物[4]，化作春泥更护花。

【注释】

[1] 清道光十九年（1839），岁次己亥，作者辞去礼部主事之职，南归故里。此年共作三百一十五首七言绝句，统名《己亥杂诗》。

[2] 浩荡：犹言浩茫。形容愁绪之广阔难禁，充塞天地。白日斜：夕阳西下，指黄昏时分。

[3] “吟鞭”句：意谓离开京城，向东走去。吟鞭：抽响马鞭。天涯：天边，意谓踏出北京城门，便与朝廷隔别，从此相距天涯海角。

[4] 落红：落花。

【导读】

这首诗抒写作者辞官南归、踏出京城东门时的心境。既有年华已逝、仕途失意的愁思，更有不甘沉沦、憧憬未来的献身精神。诗人以落红自况，寄寓了“零落成泥碾作尘”的身世之感，表达了甘为人梯、泽被后人的崇高使命感。全诗比喻新颖，形象鲜明，情景浑成，寄托深婉。为定庵诗的压卷之作。

其一百二十五

九州生气恃风雷[1]，万马齐喑究可哀[2]。
我劝天公重抖擞[3]，不拘一格降人材[4]。

【注释】

[1] 九州：古代把全国划分为冀、兖、青、徐、扬、荆、豫、梁、雍九州，后来即以九州作为中国的代称。恃（shì）：凭借，依靠。这句意谓要使全中国具有蓬勃生气，必须依仗急风惊雷的激荡震撼。

[2] 喑（yīn）：哑。究：终究。万马齐喑，借喻清朝统治下死气沉沉的局面。

[3] 天公：道教所谓最高的天神玉皇大帝，这里暗指清朝皇帝。抖擞：振作精神。

[4] 不拘一格：不限于一定的规格资历，即打破常规。降人材：让贤材降临人间，也有使用贤才之意。

【导读】

这首诗是作者南归时途经镇江所作。诗末作者自注：“过镇江，签名簿赛神玉皇及风神、雷神者，祷词万数，道士乞为青词。”青词是道士祭神时的祝文，用朱笔写于青藤纸上，故名。诗借“青词”的形式，表达了大胆选拔人才、变革现实政治的强烈愿望。诗中表层有“风雷”“天公”祭祀语，符合“青词”祈神祐护的体式要求，深层实则以“风雷”暗喻变革社会的巨大力量，以“天公”寓指清朝最高统治者。借题发挥，语意双关，构思奇巧，含蕴深刻，具有震撼人心的感召力。

二、词

温庭筠

温庭筠（约812—866），字飞卿，太原祁（今山西祁县）人。曾任随县尉、国子助教和方城尉。他的诗和李商隐齐名，号称“温李”；词和韦庄齐名，号称“温韦”。他是文人当中第一个大量写词的人，被尊为文人词的“鼻祖”。《全唐五代词》收其词69首。

梦江南（梳洗罢）

梳洗罢，独倚望江楼。过尽千帆皆不是，
斜晖脉脉水悠悠。肠断白萍洲。

【导读】

这首词写一个女子在江边等待自己的爱人，经历了无数的希望与失望。作品感情真挚，画面开阔，意境悠远，语言优美而自然。

韦 庄

韦　庄（　约836—910），字端己，京兆万年（今陕西西安）人。早年因避战乱，在江南生活了十年。唐昭宗乾宁元年（公元894年）进士，任校书郎。公元907年，王建称帝于蜀，韦庄任吏部侍郎兼平章事（宰相）。著有《浣花集》。《全唐五代词》收其词54首。

菩萨蛮（人人尽说江南好）

人人尽说江南好，游人只合江南老[1]。春水碧于天，画船听雨眠。　垆边人似月[2]，皓腕凝霜雪[3]。未老莫还乡，还乡须断肠[4]。

【注释】

[1]　合：应当。

[2]　垆：卖酒的土台子。

[3]　皓：洁白。

[4]　须：应。断肠：极为伤心。

【导读】

这首词不但写了江南的春水，写了躺在船舱里听雨的感觉，还写了江南的酒肆，以及当垆卖酒的美女，既是一幅优美的风景画，也是一幅令人回味的民俗风情画。

李煜

李煜（937—978），字重光，号钟隐，徐州（今属江苏）人，南唐中主李璟第六子。宋太祖建隆二年（961）立为太子，同年嗣帝位。称臣于宋。开宝八年（975）降宋。太平兴国三年（978），被宋太宗赵光义用牵机药毒死。在位十五年，史称“南唐后主”。此人聪颖过人，多才多艺，工书，善画，精音律，尤长于词。《全唐五代词》收其词40首。

浪淘沙（帘外雨潺潺）

帘外雨潺潺，春意阑珊[1]，罗衾不耐五更寒[2]。梦里不知身是客，一晌贪欢[3]。　独自莫凭栏，无限江山，别时容易见时难。流水落花春去也，天上人间。

【注释】

[1] 阑珊：衰残。

[2] 罗衾（qīn）：用丝绸做的被子。

[3] 一晌：片刻。

【导读】

这首词表达了词人对于江南故国的深切怀念。画面博大，感慨深沉，意境苍凉，语言明白如话。是千古以来传诵不衰的名作。

范仲淹

范仲淹（989—1052），字希文，吴县（今江苏苏州）人。宋真宗大中祥符八年（1015）进士，历任枢密副使、参知政事、河东陕西宣抚使等职。卒赠兵部尚书，谥号“文正”。有《范文正公文集》传世。《全宋词》收其词5首。

渔家傲（塞下秋来风景异）

塞下秋来风景异[1]，衡阳雁去无留意[2]。四面边声连角起[3]。千嶂里，长烟落日孤城闭。　浊酒一杯家万里[4]，燕然未勒归无计[5]。羌管悠悠霜满地[6]，人不寐，将军白发征夫泪。

【注释】

[1] 塞下：这里指西北边塞地区。塞：边塞。

[2] 衡阳雁去：即雁去衡阳。衡阳有回雁峰，相传南飞的大雁至此而回。

[3] 边声：边塞地区的各种声音。角：号角。

[4] 浊酒：颜色浑浊的米酒，廉价的酒。

[5] 燕然未勒：还没有建立功名。燕然：山名，即今外蒙古的杭爱山。据《后汉书·窦宪传》：窦宪、耿秉出击匈奴，大获全胜，遂登燕然山，刻石记功而还。勒：刻。

[6] 羌管：笛子。羌，古代西北少数民族名。相传羌人最早制作笛子，故名笛为羌笛，或羌管。

【导读】

上片的关键词在“风景异”三字，下片的关键词在“归无计”三字。雁去衡阳、边声四起、千嶂壁立、长烟漫卷、夕阳西下、孤城紧闭，皆所谓“风景异”者；乡关万里、燕然未勒、浊酒浇愁、羌管惊心、将军白发、征夫撇泪，皆所谓“归无计”者。写“风景异”，壮而含悲；写“归无计”，悲而不失其壮。

柳永

柳永，字耆卿，崇安（今福建武夷山）人。宋仁宗景祐元年（1034）进士。官至屯田员外郎，故世称“柳屯田”。他是一位精通音乐、贡献卓越、影响深远的大词人。著有《乐章集》。《全宋词》收其词213首。

雨霖铃（寒蝉凄切）

寒蝉凄切[1]。对长亭晚[2]，骤雨初歇。都门帐饮无绪[3]，留恋处、兰舟催发[4]。执手相看泪眼，竟无语凝噎[5]。念去去[6]、千里烟波，暮霭沉沉楚天阔。　多情自古伤离别。更那堪、冷落清秋节。今宵酒醒何处，杨柳岸、晓风残月。此去经年[7]，应是良辰好景虚设。便纵有、千种风情[8]，更与何人说。

【注释】

[1] 寒蝉：秋天的蝉。

[2] 长亭：官道上供来往行人休息或换马的驿站。

[3] 都门：首都汴京（今开封）的城门。帐饮：在城门外摆酒饯行。无绪：没有心绪，心情不佳。

[4] 兰舟：相传鲁班刻木兰树为舟（见《述异记》），这里作为船的美称。

[5] 凝噎：哽咽，因伤心而说不出话。

[6] 去去：越行越远。

[7] 经年：一年或多年，年复一年。

[8] 风情：男女相爱之情。

【导读】

这首词感情真挚，想象丰富，写景如画。“念去去”三句，写傍晚时分的江上之景，给人以广漠、渺茫之感；“杨柳岸”二句，写侵晓时分的岸上之景，给人以凄清、萧疏之感。

全词由一个“别”字贯穿始终，结构非常完整。“寒蝉”三句写别时的时间、地点和天气，“都门”三句写饯别，“执手”二句写握别，“念去去”三句想象别后的行程，“多情”二句写天下人之别，“今宵”二句回到自身之别。此后直到结尾，全是关于别后的想象之辞：先想象“今宵”，再想象“经年”；先想象一种风情，再想象“千种风情”。

晏殊

晏殊（991—1055），字同叔，抚州（今属江西）人。15岁以神童入试，赐同进士出身。官至同中书门下平章事（宰相）。卒谥元献。有《晏元献遗文》一卷，《珠玉词》一卷。《全宋词》收其词140首。

蝶恋花（槛菊愁烟兰泣露）

槛菊愁烟兰泣露[1]，罗幕轻寒，燕子双飞去。明月不谙离恨苦，斜光到晓穿朱户[2]。　昨夜西风凋碧树[3]，独上高楼，望断天涯路。欲寄彩笺兼尺素[4]，山长水阔知何处？

【注释】

[1] 槛（jiàn）菊：栏杆内的菊花。槛：栏杆。

[2] 朱户：朱红色的门。

[3] 凋：衰落。

[4] 笺（jiān）、尺素：均指书信。彩笺：彩色的笺纸；尺素：一尺见方的白绡。

【导读】

这首词描写秋景，怀念远人，风格比较激越。王国维在《人间词话》里，把“昨夜”三句解读为“古今之成大事业、大学问者”必须经过的第一种境界，即站得高，才能望得远。可见作品的内涵很丰富，可以从不同的角度来理解。

欧阳修

欧阳修（1007—1072），字永叔，号醉翁，晚号六一居士，庐陵（今江西吉安）人。宋仁宗天圣八年（1030）进士。官至参知政事（副宰相）。卒谥文忠。他在经学、史学、金石学、文学方面均有杰出成就。有《欧阳文忠公集》传世。《全宋词》收其词242首。

生查子（去年元夜时）

去年元夜时[1]，花市灯如昼。月上柳梢头，人约黄昏后。　今年元夜时，月与灯依旧。不见去年人，泪满春衫袖。

【注释】

［1］　元夜：元宵节。

【导读】

节日的风光依旧，而恋人却不再来。写的是人生的一种失落感。

王安石

王安石（1021—1086），字介甫，晚号半山，抚州临川（今江西抚州）人。宋仁宗庆历二年（1042）进士。官至同中书门下平章事（宰相）。封荆国公。他是一位富有远见卓识的政治家和文学家。有《临川先生文集》。《全宋词》收其词29首。

桂枝香（登临送目）

金陵怀古[1]

登临送目，正故国晚秋[2]，天气初肃[3]。千里澄江似练[4]，翠峰如簇[5]。归帆去棹残阳里，背西风，酒旗斜矗[6]。彩舟云淡，星河鹭起[7]，画图难足。　念往昔，繁华竞逐。叹门外楼头[8]，悲恨相续。千古凭高，对此谩嗟荣辱。六朝旧事随流水，但寒烟衰草凝绿。至今商女[9]，时时犹唱，《后庭》遗曲[10]。

【注释】

[1] 金陵：今南京市，宋时为江宁府，曾是东吴、东晋、宋、齐、梁、陈六朝的都城。

[2] 故国：旧都城，这里指金陵。

[3] 肃：肃爽。

[4] 澄江似练：澄澈的长江水像一条白色的长绢。练：白绢。

[5] 翠峰如簇：青翠的山峰像箭头一样峭拔。

[6] 归帆去棹（zhào）：来往的船只。酒旗：酒店门口挂着的标识，又叫酒帘、酒望子。斜矗（zhù）：斜插。

[7] 彩舟云淡，星河鹭起：这两句写秦淮河之景。彩舟：秦淮河上的彩船。星河：银河，这里比喻秦淮河。

[8] 门外楼头：语出杜牧《台城曲》："门外韩擒虎，楼头张丽华。"门：指朱雀门。楼：指结绮阁。据颜师古《大业拾遗记》：当隋将韩擒虎率兵破朱雀门而入时，陈后主叔宝正和他的宠妃张丽华在结绮阁赋诗作乐。

[9] 商女：歌女。

[10]《后庭》遗曲：即《玉树后庭花》，相传为陈后主所作，后人视为亡国之音。

【导读】

这是一首著名的怀古词。上片写登临所见，下片写登临所感。境界开阔，气象雄浑，感慨深沉。

晏几道

晏几道（1030？—1106？），字叔原，号小山，抚州临川（今江西抚州）人，晏殊第八子。他做过开封府判官，是北宋最为优秀的词人之一，著有《小山词》。《全宋词》收其词260首。

临江仙（梦后楼台高锁）

梦后楼台高锁，酒醒帘幕低垂。去年春恨却来时[1]，落花人独立，微雨燕双飞[2]。　记得小蘋初见[3]，两重心字罗衣[4]。琵琶弦上说相思，当时明月在，曾照彩云归[5]。

【注释】

[1] 却来：又来，再来。

[2] “落花”二句：语出五代翁宏《春残》：“又是春残也，如何出翠帏？落花人独立，微雨燕双飞。”

[3] 小蘋：歌妓名，又作“小颦”。

[4] 心字罗衣：衣领曲如心字的罗衣。

[5] 曾照彩云归：语出李白《宫中行乐词》：“只愁歌舞散，化作彩云归。”彩云：比喻美人。

【导读】

这首词不仅仅是伤春和伤别，也包含了一种具有普遍意义的人世沧桑之感。

苏轼

定风波（莫听穿林打叶声）

三月七日，沙湖道中遇雨[1]。雨具先去，同行皆狼狈，余不觉。已而遂晴，故作此。

莫听穿林打叶声[2]，何妨吟啸且徐行。竹杖芒鞋轻胜马[3]，谁怕？一蓑烟雨任平生[4]。

料峭春风吹酒醒[5]，微冷，山头斜照却相迎。回首向来萧瑟处[6]，归去，也无风雨也无晴。

【注释】

[1] 沙湖：宋时地名，在黄州黄冈县东南三十里处。

[2] 穿林打叶声：即雨声。

[3] 芒鞋：草鞋。

[4] 蓑（suō）：蓑衣，用棕叶或竹叶编织而成的雨衣。

[5] 料峭：形容微寒。

[6] 向来：先前。萧瑟处：指淋雨处。

【导读】

这首词通过一段亲身经历，形象地说明一个道理：人在遇到挫折的时候，应该从容应对，不要惊惧，更不要悲观。挫折总是暂时的。挫折一旦过去，生活依旧美好。

念奴娇（大江东去）

赤壁怀古[1]

大江东去，浪淘尽，千古风流人物。故垒西边[2]，人道是、三国周郎赤壁[3]。乱石穿空，惊涛拍岸，卷起千堆雪。江山如画，一时多少豪杰。　遥想公瑾当年[4]，小乔初嫁了[5]，雄姿英发[6]。羽扇纶巾[7]，谈笑间、樯橹灰飞烟灭[8]。故国神游，多情应笑我[9]，早生华发。人生如梦，一尊还酹江月[10]。

【注释】

［1］ 赤壁：这里指黄州城外的那个赤壁，又叫“赤鼻矶”，不是真正的“三国周郎赤壁”。真正的“三国周郎赤壁”，即东汉末年赤壁之战的古战场，在蒲圻县（今赤壁市）的西北部。

［2］ 故垒：旧时的营垒。

［3］ 人道是、三国周郎赤壁：黄州赤壁曾被当地人讹传为“三国周郎赤壁”。苏轼对此表示怀疑。他这里注明“人道是”，是为了不致引起人们的误解。

［4］ 公瑾：即周瑜，人称“周郎”。赤壁之战时，任前部大都督，指挥孙、刘联军破曹。

［5］ 小乔：周瑜之妻。“小乔初嫁”时，周瑜24岁；至赤壁之战时，周瑜已34岁。

［6］ 雄姿英发：风姿雄伟，英气勃发。

［7］ 羽扇纶（guān）巾：手持羽毛扇，头扎青丝巾。

［8］ 樯橹（qiáng lǔ）：桅杆和桨。这里代指曹操的战船。

［9］ “故国”二句：即“神游故国，应笑我多情”的倒文。

［10］ 酹（lèi）江月：以酒洒地，祭奠江月。

【导读】

这首词的风格以豪放为主，也有悲怆，也有旷达。从“大江东去”到“樯橹灰飞烟灭”，描写赤壁的壮美景色，叙述周瑜、诸葛亮等人的英雄事业，可以说是豪放；“故国神游，多情应笑我，早生华发”三句，想到自己壮志未酬、身遭贬斥、未老先衰的处境，可以说是悲怆；“人生如梦，一尊还酹江月”两句，想到无论是周瑜、诸葛亮的辉煌人生，还是自己的黯淡人生，都是短暂的，只有江月才是永恒的，可以说是旷达。

秦观

秦　观（1049—1100），字少游，扬州高邮（今属江苏）人。宋神宗元丰八年（1085）进士，官至秘书省正字，兼国史院编修官。他是“苏门四学士”之一，诗、词、文兼擅，尤以词著称于世。著有《淮海居士长短句》。《全宋词》收其词90首。

鹊桥仙（纤云弄巧）

纤云弄巧[1]，飞星传恨[2]，银汉迢迢暗度[3]。金风玉露一相逢[4]，便胜却、人间无数。　　柔情似水，佳期如梦，忍顾鹊桥归路[5]。两情若是久长时，又岂在朝朝暮暮。[6]

【注释】

［1］纤云弄巧：纤细的云彩变幻出种种奇巧的形态。

［2］飞星：牛郎、织女二星。

［3］银汉：银河。迢迢：遥远貌。

［4］金风玉露一相逢：指牛郎、织女七夕相会之事。金风玉露：秋风白露。

［5］忍顾：不忍回头看。鹊桥：相传在七夕之夜，喜鹊在银河上搭桥，让牛郎织女渡河相会。

［6］朝朝暮暮：语出宋玉《高唐赋》：“妾在巫山之阳，高丘之阻。旦为朝云，暮为行雨。朝朝暮暮，阳台之下。”

【导读】

牛郎、织女的故事，向来被看作是一个悲剧，词人在这里颠覆了千年以来的传统观念。“金风玉露一相逢，便胜却、人间无数。”“两情若是久长时，又岂在、朝朝暮暮。”讲的是爱情和婚姻的质量问题，在今天看来，仍然具有重要的现实意义。

周邦彦

周邦彦（1056—1121），字美成，号清真居士，钱塘（今浙江杭州）人。宋神宗元丰六年（1083），因献《汴都赋》七千言，受到神宗皇帝的赏识，由诸生提拔为太学正。徽宗时，曾主持国家最高音乐机关大晟府。他是北宋婉约词的集大成者，有词集《片玉词》存世。《全宋词》收其词186首。

苏幕遮（燎沉香）

燎沉香[1]，消溽暑[2]。鸟雀呼晴[3]，侵晓窥檐语[4]。叶上初阳干宿雨[5]。水面清圆[6]，一一风荷举。　故乡遥，何日去？家住吴门[7]，久作长安旅[8]。五月渔郎相忆否？小楫轻舟[9]，梦入芙蓉浦[10]。

【注释】

[1] 燎（liáo）沉香：点燃沉香。沉香：又名沉水香，一种用沉香木做成的很名贵的香料。

[2] 溽（rù）暑：潮湿的夏天气候。

[3] 鸟雀呼晴：鸟雀的叫声在呼唤着晴天。

[4] 侵晓：拂晓。

[5] 初阳：早晨的阳光。宿雨：隔夜的雨。

[6] 清圆：清润圆正。

[7] 吴门：原指苏州，这里指钱塘。

[8] 长安：唐朝的首都，这里代指北宋的首都汴京（今开封）。

[9] 小楫（jí）：代指小船。

[10] 芙蓉浦：有荷花的水边。此指西湖。

【导读】

这首词于写景中抒发思乡之情，风格清新淡远。作品不用替代，不用典故，直接描摹荷花的神理，真切、自然、有境界，在周词中可谓别具一格。

李清照

李清照（1084—1155？），号易安居士，济南章丘（今属山东）人。宋徽宗建中靖国元年（1101），嫁给太学生赵明诚，夫妻感情诚笃。后经历国破家亡之惨痛，寡居而终。此人工诗能文，尤长于词，是宋代最杰出的女词人。著有《漱玉集》。《全宋词》收其词51首。

一剪梅（红藕香残玉簟秋）

红藕香残玉簟秋[1]。轻解罗裳[2]，独上兰舟。云中谁寄锦书来[3]？雁字回时[4]，月满西楼。　　花自飘零水自流。一种相思，两处闲愁。此情无计可消除，才下眉头，却上心头[5]。

【注释】

[1] 红藕香残：荷花凋残。玉簟（diàn）秋：睡在竹席上已有些凉意。玉簟：竹席的美称。

[2] 罗裳：罗衣，这里泛指衣服。

[3] 锦书：夫妻间的情书。

[4] 雁字：大雁在天上飞时，或成人字，或成一字。

[5] 却上心头：又上心头。

【导读】

这首词是写给在外地做官的丈夫赵明诚的。“雁字回时，月满西楼”两句，营造了一个既美丽又令人惆怅的境界；“才下眉头，却上心头”两句，真切而细腻地描写了思念丈夫的情态，非常符合女性的心理和口吻。

岳飞

岳飞（1103—1142），字鹏举，相州汤阴（今属河南）人。宋徽宗宣和四年（1112）应募从军。历任荆湖东路安抚都总管、河南北诸路招讨使等职。以恢复中原为己任，屡破金兵。高宗绍兴十年（1140），进军朱仙镇，大败金军元帅兀术。不久被诬下狱，以“莫须有”的罪名被害。孝宗淳熙六年（1179）获平反，追谥武穆。他是一位文武兼备的民族英雄。《全宋词》收其词3首。

满江红（怒发冲冠）

怒发冲冠[1]，凭阑处[2]、潇潇雨歇。抬望眼[3]、仰天长啸，壮怀激烈。三十功名尘与土[4]，八千里路云和月[5]。莫等闲[6]、白了少年头，空悲切。

靖康耻[7]，犹未雪。臣子恨，何时灭？驾长车，踏破[8]贺兰山缺[9]。壮志饥餐胡虏肉，笑谈渴饮匈奴血[10]。待从头、收拾旧山河，朝天阙[11]。

【注释】

［1］ 怒发冲冠：因愤怒连头发都竖了起来。

［2］ 凭阑处：靠着栏杆之际。处：际，时。

［3］ 抬望眼：抬头遥望。

［4］ “三十”句：意谓人到三十，所建立的功名不过像尘土一样，不值得一提。

［5］ “八千”句：是说自己披星戴月，转战八千里。

［6］ 等闲：轻易，随便。

［7］ 靖康耻：指北宋灭亡之耻。靖康二年（1127），金兵攻陷汴京；次年，掳掠徽宗、钦宗二帝。北宋由此灭亡。靖康：宋钦宗的年号。

［8］ 长车：战车。

［9］ 贺兰山：有二处，一在今宁夏境内，当时为西夏所属；一在今河北磁县境内，当时为金朝所属。这里是指后者。缺：山口。

［10］ 胡虏、匈奴：这里均指金兵。

［11］ 朝天阙：到宫殿旦朝见皇帝。天阙：指皇帝住的宫殿。

【导读】

这是一首震撼人心的词。词人借用夸张、对仗的手法，表达了对侵略者的切齿之恨，以及“收拾旧山河”的冲天之志。它的风格，可用词中的“壮怀激烈”这一句来概括。

辛弃疾

辛弃疾（1140—1207），字幼安，济南历城（今属山东）人。绍兴三十一年（1161）率部南归。历任江阴、建康等地通判和湖北、湖南、福建、浙东等地安抚使。平生力主抗金，反对投降。为官二十五载，下野二十一年。三起三落，跌宕起伏。他是南宋最有影响的词人。著有《稼轩长短句》。《全宋词》收其词629首。

水龙吟（楚天千里清秋）

登建康赏心亭[1]

楚天千里清秋，水随天去秋无际。遥岑远目[2]，献愁供恨，玉簪螺髻[3]。落日楼头，断鸿声里[4]，江南游子，把吴钩看了[5]，栏杆拍遍，无人会[6]，登临意。　　休说鲈鱼堪脍，尽西风，季鹰归未[7]。求田问舍，怕应羞见，刘郎才气[8]。可惜流年，忧愁风雨，树犹如此[9]。倩何人[10]，唤取红巾翠袖[11]，揾英雄泪[12]。

【注释】

［1］ 建康：今江苏南京。赏心亭：在建康下水门之城上，下临秦淮，尽观览之胜。

［2］ 遥岑：远山。

［3］ 玉簪螺髻：形容远山像女人头上的玉簪，又像螺旋形的发髻。

［4］ 断鸿：孤雁。

［5］ 吴钩：古时吴地打造的兵器。

［6］ 会：理解。

［7］ 季鹰：张翰，字季鹰，西晋吴地人。《世说新语·识鉴》载：张季鹰在洛阳做官时，见秋风起，思念家乡的鲈鱼脍和莼菜羹，于是辞官归去。理由是："人生贵得适意尔，何能羁宦数千里以要名爵？"

［8］ 刘郎：刘备。《三国志·陈登传》载：许汜与刘备共论天下人物。许汜云："陈元龙（登）湖海之士，豪气不除……昔遭难，过下邳，见元龙。元龙无客主之意，久不相与语，自上大床卧，使客卧下床。"刘备云："君有国士之名，今天下大难，皇帝失所，望君忧国忘家，有救世之意。而君求田问舍，言无可采，是元龙所讳也。如小人（刘备自指），欲卧百尺楼上，卧君于地，何但上下床之间耶？"

［9］ 树犹如此：《世说新语·言语》载：东晋大司马"桓公（温）北伐，经金城，见前为琅邪时种柳，慨然曰：'木犹如此，人何以堪！'攀枝折条，泫然流涕。"

［10］ 倩（qìng）：请托。

［11］ 红巾翠袖：代指女子。

［12］ 揾（wèn）：揩拭。

【导读】

辛弃疾是一位著名的爱国志士。他既不愿像张季鹰那样，为了全身保命，借口家乡的鲈鱼鲜美而一走了之；更不愿像许汜那样，当国家危难之秋，居然一门心思地买田置地。他希望能够带兵出征，收复中原，统一祖国。可是没人给他这个机会，也没人理解他的心曲。他只能在"落日楼头，断鸿声里"，仰天长啸，拍遍栏干。这首词，就是写这种报国无门、英雄失路的悲愤和苍凉。

姜夔

姜夔（1155—1221），字尧章，饶州鄱阳（今属江西）人。终生布衣。此人通晓音律，长于诗词，工于书画，是与辛弃疾齐名的著名词人。著有《白石道人歌曲》。《全宋词》收其词87首。

扬州慢（淮左名都）

淳熙丙申至日[1]，予过维扬[2]。夜雪初霁[3]，荠麦弥望[4]。入其城，则四顾萧条，寒水自碧，暮色渐起，戍角悲吟[5]。予怀怆然，感慨今昔，因自度此曲[6]。千岩老人以为有黍离之悲也[7]。

淮左名都[8]，竹西佳处[9]，解鞍少驻初程[10]。过春风十里[11]，尽荠麦青青。自胡马窥江去后[12]，废池乔木，犹厌言兵。渐黄昏，清角吹寒，都在空城。　杜郎俊赏[13]，算而今重到须惊[14]。纵豆蔻词工，青楼梦好，难赋深情[15]。二十四桥仍在[16]，波心荡、冷月无声。念桥边红药[17]，年年知为谁生？

【注释】

[1] 淳熙丙申至日：宋孝宗淳熙三年（1176）。至日：即冬至日。

[2] 维扬：扬州。

[3] 霁（jì）：雪后转晴。

[4] 荠麦：野生小麦。弥望：满眼。

[5] 戍（shù）角：军营里吹出的号角。

[6] 自度此曲：自己创制《扬州慢》这个曲调。

[7] 千岩老人：萧德藻，字东夫，号千岩老人，南宋著名诗人。黍离之悲：怀念故国的悲情。

[8] 淮左：宋代在淮水下游的南岸设置淮南东路，称为淮左。扬州是淮南东路路治所在地，唐以来南方最大的都市。

[9] 竹西：竹西亭，扬州的名胜，在扬州城东禅智寺左侧。

[10] 初程：初次到扬州。程：行程。

[11] 春风十里：指唐时繁华的扬州。杜牧《赠别》："娉娉袅袅十三余，豆蔻梢头二月初。春风十里扬州路，卷上珠帘总不如。"

[12] 胡马窥江：指高宗建炎三年（1129）及绍兴三十年（1161），金兵两次南下，占领扬州，这座城市遭到惨重的破坏。

[13] 杜郎：唐代著名诗人杜牧。俊赏：俊逸清赏。

[14] 算：料想。须：一定。

[15] "纵豆蔻词工"三句：意谓纵然写得像《赠别》和《遣怀》这样的好诗，如果看到今天的扬州这副模样，也难以表达他内心的悲痛。豆蔻词：即《赠别》，参见注[11]。青楼梦：典出杜牧《遣怀》："落魄江湖载酒行，楚腰纤细掌中轻。十年一觉扬州梦，赢得青楼薄幸名。"

[16] 二十四桥：扬州的名胜，旧址在今扬州西郊。

[17] 红药：芍药花。

【导读】

作品真实地描写了两次遭到金兵蹂躏之后的扬州的残破景象，形象地揭示了战争给人们心理上带来的创痛。"自胡马窥江去后，废池乔木，犹厌言兵"这十五个字，虽不甚激烈，却沉痛无比。

蒋 捷

蒋捷，字胜欲，常州宜兴（今属江苏）人，生卒年不详，宋度宗咸淳十年（1274）进士。宋亡后隐居竹山，自号“竹山”，人称“竹山先生”。著有《竹山词》。《全宋词》收其词99首。

一剪梅（一片春愁待酒浇）

舟过吴江[1]

一片春愁待酒浇。江上舟摇，楼上帘招[2]。
秋娘渡与泰娘桥[3]，风又飘飘，雨又萧萧。

何日归家洗客袍？银字笙调[4]，心字香烧[5]。
流光容易把人抛，红了樱桃，绿了芭蕉。

【注释】

[1] 吴江：太湖东边的一个县，南宋时属平江府，今属苏州市。

[2] 帘：酒帘子，酒旗。

[3] 秋娘渡与泰娘桥：吴江的两个地名。

[4] 字笙：笙管上用银作字，标示音的高低。调：调弄乐器。

[5] 字香：把香末摆成心字，故名。

【导读】

这是一首脍炙人口的佳作，成因有二：一是真实地写出了舟行途中所见到的江南春色，表达了一种最容易引起共鸣的思乡之情与逝水流年之感；二是在句法上奇偶相对，参差错落。全词分为四个层次，每个层次都是用一个七言句领起，用两个四言句呼应；而两个四言句中间，又有一字重复使用，如此回环往复，音调谐畅，吟唱起来非常动听。

元好问

元好问（1190—1257），字裕之，号遗山，忻州秀容（今山西省忻州市）人，鲜卑族。金宣宗兴定五年（1221）进士，历官儒林郎、国史院编修、南阳县令、行尚书省左司员外郎等。金亡不仕，致力于金代文史资料的整理。诗、文、词俱佳，词集名《遗山乐府》。《全金元词》收其词380余首。

摸鱼儿（问世间、情为何物）

雁丘词

乙丑岁[1]赴试并州[2]，道逢捕雁者云："今旦获一雁，杀之矣。其脱网者悲鸣不能去，竟自投于地而死。"予因买得之，葬之汾水之上，垒石为识[3]，号曰"雁丘"。同行者多为赋诗，予亦有《雁丘词》。旧所作无宫商[4]，今改定之。

问世间、情为何物，直教生死相许[5]？天南地北双飞客[6]，老翅几回寒暑。欢乐趣，离别苦，就中更有痴儿女[7]。君应有语[8]：渺万里层云，千山暮雪，只影向谁去？　横汾路，寂寞当年箫鼓，荒烟依旧平楚[9]。招魂楚些何嗟及[10]，山鬼自啼风雨[11]。天也妒。未信与，莺儿燕子俱黄土。千秋万古。为留待骚人，狂歌痛饮，来访雁丘处[12]。

【注释】

[1] 乙丑岁：金章宗泰和五年（1205）。

[2] 赴并州试：并州，古州名，金时称太原府，即今山西省太原市及其附近地区。作者当年16岁，赴太原参考府试。

[3] 汾水：即汾河，在山西省中部，源出宁武县管涔山，流经太原，至河津市西南入黄河。识（zhì）：标记。

[4] 旧所作无宫商：宫商，词的乐律。作者当年所作《雁丘辞》是诗，不是词，不协词律，故云“无宫商”。

[5] “问世间”二句：为殉情大雁发问，也是对殉情大雁的赞美。问世间：一作“恨人间”。直：竟。许：报答。

[6] 双飞客：指双双飞翔的大雁。

[7] 就中：这其中。痴儿女：以人比雁。

[8] 君：指殉情的雁。

[9] “横汾路”三句：写葬雁的地方。因双雁葬在汾水上，故联想到汉武帝当年泛舟汾水时所作之《秋风辞》，化用其“泛楼船兮济汾河，横中流兮扬素波，萧鼓鸣兮发棹歌”句意，借当年汾水之盛景来反衬今日之荒凉。平楚：平林，平原上的树林。楚：丛木。

[10] “招魂”句：招魂：《楚辞》中的名篇，相传为屈原所作，谓楚怀王客死异乡，屈原作此篇以招其魂魄。或以为宋玉所作，谓屈原自沉后，弟子宋玉哀其“魂魄放佚”，因作此篇。“招魂”句尾皆用“些”字，故云“招魂楚些”。何嗟及：即“嗟何及”。

[11] “山鬼”句：语出屈原《九歌·山鬼》：“杳冥冥兮羌昼晦，东风飘兮神灵雨。”“雷填填兮雨冥冥，猨啾啾兮狖夜鸣。风飒飒兮木萧萧，思公子兮徒离忧。”谓雁死不能复生，山鬼枉自啼泣。山鬼：女性山神。

[12] “天也妒”以下诸句：谓大雁之钟情，天也为之嫉妒。但是这一对钟情的大雁埋在此处，将不会像莺儿燕子那样俱成黄土，而是可以留待骚人千古凭吊。

【导读】

大雁是鸟类中最忠诚于爱情者，雌雄相随，双宿双飞，与人类没有任何冲突，可是捕雁者为一己之私利，竟射杀其中一只，使另一只投地殉情。这首词赞美双雁的纯贞爱情，同情它们的悲惨遭遇，也对人类摧残鸟类、毁灭爱情的野蛮行为提出了控诉。宋末元初著名词人兼词学家张炎在其名著《词源》中，对元好问词有一个评价，可供参考：“观遗山词，深于用事，精于炼句，有风流蕴藉处，不减周、秦。如‘双莲’‘雁丘’等作，妙在模写情态，立意高远。”所谓“雁丘”，即此词也。

木兰花令·拟古决绝词[1]

人生若只如初见，何事秋风悲画扇[2]。等闲变却故人心，却道故人心易变[3]。

骊山语罢清宵半，泪雨零铃终不怨[4]。何如薄幸锦衣郎，比翼连枝当日愿[5]。

纳兰性德

纳兰性德（1655—1685），字容若。先世为蒙古人，十六世纪归附“后金”，隶正黄旗。大学士明珠之子，聪颖好学，博通经史。康熙十五年（1676）进士，官至一等侍卫。以寒疾终，年仅三十一。诗、词皆工，词尤擅长。有《饮水词》，又名《纳兰词》，存词348首。

【注释】

［1］ 古决绝词：原是唐代诗人元稹作的一首古体诗的诗题，写的是一个为情所伤的女子与伤害她的男子分手时的决绝之语。拟：模拟，效仿。词题一名《木兰花令·拟古决绝词谏友》。

［2］ “人生”二句：谓人之相处，若能一直保持最初认识时的那种感觉，就不会出现中道见弃的悲剧。“何事”句，用汉班婕妤《怨歌行》诗意。班婕妤为汉成帝妃，因赵飞燕、赵合德姊妹谗害而失宠，退而作《怨歌行》，以“秋扇见捐”比喻自己被弃之命运。

［3］ “等闲”二句：语出谢朓《同王主簿怨情》：“故人心尚永，故心人不见。”谓对方轻易地改变了初恋情人之心，反倒说人的初心是很容易改变的。等闲：轻易。故人心：此处指初恋情人之心。

［4］ “骊（lí）山”二句，用唐明皇与杨贵妃的典故。据陈鸿《长恨传》、白居易《长恨歌》及乐史《杨太真外传》等载，唐明皇与杨贵妃曾于“牵牛织女相见之夕”在骊山盟誓，“愿世世为夫妇”。后“安史之乱”爆发，明皇入蜀，因受六军胁迫，于马嵬坡赐死杨贵妃。至明皇回长安，行至斜谷口，听栈道中铃声和雨声相应，因思念杨贵妃，遂采其声谱入乐调，作《雨霖铃》曲以寄哀思。此二句意谓，即便你像唐明皇那样，始则相悦，继则盟誓，遇事则背盟，最后又相思，我也不怨你。

［5］ “何如”二句：意谓你终究不如唐明皇，毕竟唐明皇还与杨贵妃有过盟誓，你和我连盟誓都未曾有过。薄幸：薄情。锦衣郎：此处指唐明皇。“比翼”句，语出白居易《长恨歌》：“在天愿为比翼鸟，在地愿为连理枝。”

【导读】

这首词借一个为情所伤的女子与伤害她的男子分手时的决绝之语，生动而深刻地表达了恋人相处、夫妻相处乃至朋友相处的一个愿望或者原则，即不忘初心，有始有终。

三、曲

关汉卿

关汉卿（约1225—1300），字汉卿，名不详，大都（今北京）人。其户籍属太医院户，但尚未发现他本人从医的记载。此人“生而倜傥，博学能文，滑稽多智，蕴藉风流，为一时之冠”。他是元代最著名的杂剧家，现存杂剧18种，最著名的是《窦娥冤》。

窦娥冤（节选）

［滚绣球］有日月朝暮悬，有鬼神掌著生死权。天地也只合把清浊分辨[1]，可怎生糊突了盗跖颜渊[2]：为善的受贫穷更命短，造恶的享富贵又寿延。天地也，做得个怕硬欺软，却元来也这般顺水推船。地也，你不分好歹何为地？天也，你错勘贤愚枉做天！哎，只落得两泪涟涟。

【注释】

［1］ 合：应该，理应。

［2］ 盗跖（zhí）：春秋时的大盗，这里作“造恶的”代表；颜渊：即颜回，孔子的得意门生，后世尊为“复圣”，这里作“为善的”代表。

【导读】

这只曲子选自《窦娥冤》第三折。《窦娥冤》是关汉卿创作的一部“感天动地”的悲剧。窦娥本是一个孝敬公婆的善良媳妇，丈夫去世后，张驴儿逼嫁，窦娥不从。张驴儿竟诬告她毒死公公，法官贪赃枉法，居然判她死刑，造成千古奇冤。这只曲子，便是窦娥对于社会黑暗和司法腐败的血泪控诉。

马致远

马致远（约1250—1324），号东篱，大都（今北京）人。年轻时曾任江浙省务提举，晚年退隐山林，以诗酒自娱。他是元代与关汉卿、郑光祖、白朴齐名的杂剧作家，号称“关、郑、白、马”，有杂剧15种传世。他的散曲也非常有名，人称“曲状元”。著有《东篱乐府》。《全元散曲》收其小令115首，套数16篇。

［越调·天净沙］（秋思）

枯藤老树昏鸦，小桥流水人家，古道西风瘦马。夕阳西下，断肠人在天涯。

【导读】

这首小令以凝炼的笔墨，描写了萧瑟苍凉的秋景，抒发了天涯游子的思乡之情，具有唐人绝句一样的美感，被元人誉为“秋思之祖”。

王实甫

王实甫（约1260—1336），名德信，字实甫，大都（今北京）人。与关汉卿齐名。他是元杂剧鼎盛时期的代表作家，有杂剧14种，最著名的是《西厢记》。

西厢记（节选）

［正宫端正好］碧云天，黄花地，西风紧，北雁南飞，晓来谁染霜林醉？总是离人泪。

［滚绣球］恨相见得迟，怨归去得疾。柳丝长玉骢难系[1]，恨不得倩疏林挂住斜晖[2]。马儿迍迍的行[3]，车儿快快的随。却告了相思回避，破题儿又早别离[4]。听得道一声“去也”，松了金钏；遥望见十里长亭，减了玉肌。此恨谁知！

［叨叨令］见安排着车儿、马儿，不由人熬熬煎煎的气。有甚么心情将花儿、靥儿[5]，打扮的娇娇滴滴的媚；准备着被儿、枕儿，则索昏昏沉沉的睡[6]；从今后衫儿、袖儿，都揾湿做重重叠叠的泪[7]。兀的不闷杀人也么哥[8]！兀的不闷杀人也么哥！久已后书儿、信儿，索与我凄凄惶惶的寄。

【注释】

［1］ 玉骢（cōng）：毛色青白相杂的马。

［2］ 倩：请。

［3］ 迍（zhūn）迍：行动迟缓的样子。

［4］ 却：恰，刚刚。破题儿：唐宋人称诗赋的起首叫破题，这里指事情的开始。

［5］ 靥（yè）儿：面颊上的酒窝。

［6］ 只索：只得。

［7］ 揾（wèn）：揩拭。

［8］ 兀（wù）的：这样的。也么：衬字，无实际意义。

【导读】

以上三只曲子选自《西厢记》第四本第三折。《西厢记》写张生和崔莺莺的爱情故事。这一对青年人自由恋爱，但是遭到崔母的反对。崔母提出张生必须考取进士，才同意把女儿嫁给他。这三只曲子，就是在长亭送别的时候，由崔莺莺演唱的。作品充分表达了她对爱人的留恋和牵挂，体现了她对爱情的珍惜和忠诚，文字既生动优美，又本色当行。

张养浩

张养浩（1270—1329），字希孟，号云庄，历城（今属山东）人。历官监察御史、礼部尚书。元文宗天历二年（1329），关中大旱，张养浩为陕西行台中丞，致力于赈灾济民，仅四个月便劳瘁而卒。朝廷追封他为滨国公，谥文忠。他是元代著名的散曲家，有《云庄休居自适小乐府》。《全元散曲》收其小令161首、套数2套。

［中吕·山坡羊］（潼关怀古）

峰峦如聚，波涛如怒。山河表里潼关路[1]。望西都[2]，意踌躇，伤心秦汉经行处，宫阙万间都做了土。兴，百姓苦；亡，百姓苦。

【注释】

［1］ 潼关：在今陕西省潼关县东南，地势险要，扼据秦（陕西）、晋（山西）、豫（河南）三省要冲，为长安东面的屏障，是古来兵家必争之地。

［2］ 西都：指长安，今陕西西安。

【导读】

这只曲子作于赴陕赈济途中。作品描绘了潼关一带的雄伟气势，抒发了历史的兴亡之感，表达了对老百姓的深切同情，体现了作者超出常人的历史见识和人道主义精神。言简意赅，震撼人心。

睢景臣

睢景臣，字景贤，扬州人（今属江苏），生卒年不详。他是元代著名的杂剧家和散曲家。著有杂剧三种，今不传。《全元散曲》录存套曲3篇。

［般涉调·哨遍］（高祖还乡[1]）

社长排门告示[2]，但有的差使无推故[3]，这差使不寻俗。一壁厢纳草也根[4]，一边又要差夫，索应付[5]。又言是车驾，都说是銮舆[6]。今日还乡故。王乡老执定瓦台盘[7]，赵忙郎抱着酒葫芦。新刷来的头巾[8]，恰糨来的绸衫[9]，畅好是妆幺大户[10]。

［耍孩儿］瞎王留引定火乔男女[11]，胡踢蹬吹笛擂鼓[12]。见一彪人马到庄门，匹头里几面旗舒[13]。一面旗白胡阑套住个迎霜兔[14]，一面旗红曲连打着个毕月乌[15]。一面旗鸡学舞[16]，一面旗狗生双翅[17]，一面旗蛇缠葫芦[18]。

［五煞］红漆了叉，银铮了斧[19]，甜瓜苦瓜黄金镀[20]，明晃晃马镫枪尖上挑[21]，白雪雪鹅毛扇上铺[22]。这几个乔人物，拿着些不曾见的器仗，穿着些大作怪的衣服。

［四煞］辕条上都是马，套顶上不见驴[23]。黄罗伞柄天生曲，车前八个天曹判[24]，车后若干递送夫[25]。更几个多娇女，一般穿着，一样妆梳。

［三煞］那大汉下的车，众人施礼数，那

【注释】

［1］高祖还乡：高祖，汉高帝刘邦。汉十二年（公元前195年）十月，刘邦平定淮南王英布后，归经故乡沛县，在那里逗留了十几天。曲中所写的是他刚回到家乡时的一个场面。

［2］社长：元代乡村组织，五十家为一社，选年老有地位的人任之。排门：挨家挨户。

［3］但有的：所有的。无推故：不得借故推托。

［4］一壁厢：一边，一方面。纳草：交纳草料。

［5］索：须要。

［6］车驾、銮舆：都是皇帝乘坐的车子，常代指皇上。

［7］瓦台盘：陶制的托盘。

［8］刷：洗。

［9］糨（jiàng）：同“浆”，衣服洗净后打一层米汁在上面，晒干后可熨得平直。

［10］畅好是：真正是。妆幺（yāo）大户：装模作样的大户，指不是大户而摆出大户的架子。

［11］瞎王留：元曲中常用的乡民的诨名。乔男女：丑男人。

大汉觑得人如无物。众乡老展脚舒腰拜，那大汉挪身着手扶。猛可里抬头觑[26]，觑多时认得，险气破我胸脯。

［二煞］你身须姓刘，你妻须姓吕[27]。把你两家儿根脚从头数[28]：你本身做亭长耽几盏酒[29]，你丈人教村学读几卷书。曾在俺庄东住，也曾与我喂牛切草，拽坝扶锄。

［一煞］春采了桑，冬借了俺粟，零支了米麦无重数。换田契强秤了麻三秤，还酒债偷量了豆几斛，有甚糊突处。明标着册历[30]，见放着文书。

［尾声］少我的钱，差发内旋拨还[31]；欠我的粟，税粮中私准除[32]。只道刘三，谁肯把你揪捽住，白甚么改了姓、更了名，唤做汉高祖！

【导读】

《高祖还乡》是元代散曲中的名篇，取材于汉高祖刘邦“威加海内兮归故乡”的史实，但别有创新。作者以一个与刘邦有瓜葛的乡民的口吻，揭露了“帝王之尊”的虚伪与可笑，体现了元代文人对政治的疏离与对皇权的否定。作品构思巧妙，视角独特，语言诙谐幽默，人物形象呼之欲出。

［12］胡踢蹬：胡乱，乱七八糟地。

［13］匹头里：当头，迎头。

［14］“白胡阑”句：指月旗。胡阑：“环”的合音。迎霜兔：白色的兔。传说月中有白兔捣药，所以用白环套着个兔子代表月亮。此曲至〔四煞〕都是写乡民眼中所见的仪仗。

［15］“红曲连”句：指日旗。曲连：“圈”的合音。毕月乌：乌鸦。传说日中有三足乌，所以用红圈套住乌鸦代表日。

［16］鸡学舞：指飞凤旗。

［17］狗生双翅：指飞虎旗。

［18］蛇缠葫芦：指蟠龙戏珠旗。

［19］银铮了斧：指镀了银的斧。

［20］“甜瓜”句：指金瓜锤，帝王的仪仗。

［21］“明晃晃”句：指朝天镫，帝王的仪仗。

［22］“白雪雪”句：指鹅毛宫扇。

［23］套顶：套车的绳的一端。

［24］天曹判：天上的判官。这里指侍从人员像泥塑的判官一样严肃，没有表情。

［25］递送夫：指奔走伏侍的人。

［26］猛可里：突然间。

［27］你妻须姓吕：刘邦的妻子叫吕雉，即历史上的吕后。

［28］根脚：根底。

［29］亭长：秦时十里为一亭，十亭为一乡，亭有亭长。耽：嗜好。据《史记·高祖本纪》载，刘邦年轻时曾做过泗水亭长，喜欢喝酒。

［30］册历：账册。

［31］差发内旋拨还：在官差钱里扣除。差发：官府征派的差役和钱粮。古代民众要被征发当官差，有钱的人可以出钱雇人代替。

［32］私准除：暗中扣除。

四、赋

陶渊明

归去来兮辞[1]

余家贫，耕植不足以自给。幼稚盈室[2]，瓶无储粟[3]，生生所资[4]，未见其术[5]。亲故多劝余为长吏，脱然有怀[6]，求之靡途[7]。会有四方之事[8]，诸侯以惠爱为德[9]，家叔以余贫苦[10]，遂见用于小邑[11]。于时风波未静[12]，心惮远役[13]。彭泽去家百里，公田之利，足以为酒，故便求之。及少日[14]，眷然有归欤之情[15]。何则？质性自然，非矫厉所得[16]。饥冻虽切，违己交病[17]。尝从人事，皆口腹自役[18]。于是怅然慷慨，深愧平生之志[19]。犹望一稔[20]，当敛裳宵逝[21]。寻程氏妹丧于武昌[22]，情在骏奔[23]，自免去职。仲秋至冬，在官八十余日。因事顺心[24]，命篇曰《归去来兮》。乙巳岁十一月也。

归去来兮，田园将芜胡不归[25]？既自以心为形役[26]，奚惆怅而独悲[27]？悟已往之不谏[28]，知来者之可追。实迷途其未远[29]，觉今是而昨非。舟遥遥

【注释】

[1] 归去来：归去。“来”是语助词。

[2] 幼稚：幼儿。

[3] 瓶：存放粮食的瓦瓮。

[4] 生生所资：维持生活所需。资，取给，凭借。

[5] 术：办法。

[6] 脱然：犹豁然。怀：念头，想法。

[7] 靡（mǐ）途：没有门道。

[8] 会：恰逢，碰上。

[9] 诸侯以惠爱为德：各地的州郡长官有爱惜拔擢人才的美德。

[10] 家叔：叔父，当指渊明的叔父夔，曾为太常。

[11] 见用于小邑：被推荐当上了彭泽县令。

[12] 风波未静：战乱不得安宁。

[13] 心惮远役：心里害怕被差遣远出。

[14] 少日：没几天。

[15] 归欤之情：回去的想法。

[16] 矫厉：勉强。

[17] 违己交病：违背自己的心愿，身心痛苦。

[18] “尝从人事”两句：过去几次都是为了贪图口腹之饱来强迫自己做官。

[19] 愧：感到惭愧。

[20] 稔（rěn）：庄稼成熟。一稔，收获一次，意指获得一年的公田收入。

[21] 敛裳宵逝：收拾衣物，连夜离开。

[22] 寻：不久。程氏妹：嫁给程家的妹妹。

[23] 情在骏奔：心思在赶快离开。

[24] 事：辞职之事。

[25] 胡：同“何”，为什么。

[26] 以心为形役：渊明本心不愿做官，又不得不为生活奔忙，所以说心神被形体役使。

[27] 奚：何，为什么。

[28] 谏：止，挽救。

[29] 迷途其未远：好在误入仕途还不太远。

以轻飏[30]，风飘飘而吹衣。问征夫以前路[31]，恨晨光之熹微[32]。乃瞻衡宇[33]，载欣载奔[34]。僮仆欢迎，稚子候门。三径就荒[35]，松菊犹存。携幼入室，有酒盈樽。引壶觞以自酌[36]，眄庭柯以怡颜[37]。倚南窗以寄傲[38]，审容膝之易安[39]。园日涉以成趣[40]，门虽设而常关。策扶老以流憩[41]，时矫首而遐观[42]。云无心以出岫[43]，鸟倦飞而知还。景翳翳以将入[44]，抚孤松而盘桓。

[30] 飏（yáng）：飞扬，形容船行驶轻快。

[31] 征夫：行人。前路：前面的路程。

[32] 熹（xī）微：微明。

[33] 衡宇：横木为门的陋屋，指作者的旧居。

[34] 载欣载奔：兴奋地奔走。载：助词。乃，且之意。

[35] 三径：三条小路，隐士居所的代称。

[36] 引：举（酒杯）。

[37] 眄（miǎn）：斜着眼看。庭柯：庭院中的树枝。

[38] 寄傲：寄托傲世独立的情怀。

[39] 审：明白。容膝：仅足容膝的狭小居室。

[40] 涉：此处指散步。

[41] 策：手持。扶老：手杖。流憩：周游、休息。

[42] 矫首：举首。暇观：远望。

[43] 岫（xiù）：山洞，岩穴。

[44] 景：日光，这里指太阳。翳翳：昏暗的样子。

归去来兮，请息交以绝游[45]。世与我而相违，复驾言兮焉求[46]！悦亲戚之情话，乐琴书以消忧。农人告余以春及[47]，将有事于西畴[48]。或命巾车[49]，或棹孤舟[50]。既窈窕以寻壑[51]，亦崎岖而经丘[52]。木欣欣以向荣，泉涓涓而始流。善万物之得时[53]，感吾生之行休[54]。

已矣乎[55]，寓形宇内复几时[56]？曷不委心任去留[57]？胡为乎遑遑欲何之[58]？富贵非吾愿，帝乡不可期。怀良辰以孤往[59]，或植杖而耘耔[60]。登东皋以舒啸[61]，临清流而赋诗。聊乘化以归尽[62]，乐夫天命复奚疑[63]！

[45] 息交以绝游：断绝与世俗交往。

[46] 驾言：出游。言，语助词。焉求：何求。

[47] 春及：春至。

[48] 事：农事，此处指春耕。西畴：西边的田亩。

[49] 巾车：有篷帏的车子。

[50] 棹（zhào）：以桨划船。

[51] 窈窕：山路幽深曲折的样子。

[52] 经丘：经过山丘。

[53] 善：喜，羡慕。

[54] 行休：将要结束，指死亡。

[55] 已矣乎：算了吧。

[56] 寓形宇内：寄托躯体于天地之间。

[57] 曷不：何不。委心：随心。去留：指死生。委心任去留，不以死生为念。

[58] 胡为：为何。遑遑：急急忙忙，心神不定的样子。何之：到哪儿去。

[59] 怀：盼望。孤往：独自出游。

[60] 植杖：把手杖插在田边。耘耔：除草培苗。

[61] 皋：田泽旁边高地。舒啸：放声长啸。

[62] 聊：姑且。乘化：顺应自然变化。归尽：归于死亡。

[63] 乐夫天命：乐天安命。

【导读】

《归去来兮辞》分为“序”和“辞”两部分。“序”说明作者所以出仕和自免去职的原因。“辞”有四段。第一段先说自己曾经心为形役，是自责；后说觉悟到来者可追，是自恕。第二段先写幼子候门，松菊在庭，是归时情景；后写入室有饮酒之乐，涉园有观景之趣，是隐后生活。第三段写的是归隐出游的经历。作者“息交以绝游”，喜欢与乡里故人打交道，或车或舟，或山或水，满目生机，触景生情。第四段抒发对宇宙和人生的感想，表现一种“乐天安命”的诗意情怀。李格非评《归去来兮辞》说：沛然如肺腑中流出，殊不见有斧凿之痕。

王勃

滕王阁序

豫章故郡，洪都新府[1]。星分翼轸[2]，地接衡庐[3]。襟三江而带五湖[4]，控蛮荆而引瓯越[5]。物华天宝，龙光射牛斗之墟[6]；人杰地灵，徐孺下陈蕃之榻[7]。雄州雾列，俊采星驰[8]，台隍枕夷夏之交[9]，宾主尽东南之美。都督阎公之雅望[10]，棨戟遥临[11]；宇文新州之懿范，襜帷暂驻[12]。十旬休假[13]，胜友如云；千里逢迎，高朋满座。腾蛟起凤，孟学士之词宗[14]；紫电青霜，王将军之武库[15]。家君作宰，路出名区[16]；童子何知，躬逢胜饯。

【注释】

[1] 豫章：汉郡名，唐改为洪州，郡治在南昌。洪都：洪州，同指南昌。因称豫章在前，所以叫故郡；称洪州在后，所以说是新府。

[2] 翼轸（zhěn）：二星宿名。翼轸是古代楚地的分野（古代天文学家把星空的划分与地面的区域联系起来）。豫章古属楚地，所以说是星分翼轸。

[3] 衡庐：湖南的衡山与江西的庐山。

[4] 襟三江：以三江为襟。带五湖：以五湖为带。

[5] 蛮荆：古楚地别称，这里泛指湖南、湖北一带。瓯越：古越地别称，主要指今浙江省一带。

[6] 物华天宝两句：物的光华焕发为天上的宝气。龙光：剑光。牛斗：两星宿名。墟：居处。这两句是说洪州（豫章）有奇宝。

[7] 人杰地灵两句：人有俊杰是得了地的灵气。徐孺下陈蕃之榻：徐孺（全名徐孺子，这里因骈赋音节的限制省掉一个字）是东汉豫章高士，不肯做官，当时陈蕃做豫章太守，一般不接待宾客，只有徐孺来时才设榻招待。这两句是说洪州这个地方的杰出人物很多。

[8] 雄州雾列两句：上句说洪州地形雄伟，下句说洪州人文荟萃。雄州：雄大之州。俊采：才俊之士。星驰：众多貌，像群星运驰。

[9] 台隍（huáng）：亭台、城隍，泛指城。夷夏之交：洪州处于要害之地。夷，外族；夏，中国人；交，交接之地。

[10] 都督阎公：都督为官名，阎公名不详。雅望：好名声。

[11] 棨（qǐ）戟：有衣套的戟，古代官吏出行常有骑吏持戟先行。这句话的意思是阎公远远地来到洪州做官。

[12] 宇文新州两句：大意是一个姓宇文的人准备到新州（今在广东境内），风范自具，路过南昌，也停下车参加了滕王阁的宴集。襜帷：车上的帷幕，借指车。

[13] 十旬休假：十天为一旬。唐制：每逢旬日，官吏休假。

[14] 腾蛟起凤：形容孟学士文章很美。

[15] 紫电青霜：均为古代宝剑名，这里形容在座的王将军胸有韬略。武库：兵器库，这里借指军事韬略。

[16] 家君：家父。作宰：做县官。名区：名胜的地区，指洪州。

时维九月，序属三秋。潦水尽而寒潭清[17]，烟光凝而暮山紫。俨骖騑于上路[18]，访风景于崇阿[19]。临帝子之长洲，得天人之旧馆[20]。层峦耸翠，上出重霄；飞阁流丹[21]，下临无地[22]。鹤汀凫渚[23]，穷岛屿之萦回[24]；桂殿兰宫，即冈峦之体势[25]。

披绣闼[26]，俯雕甍[27]。山原旷其盈视[28]，川泽纡其骇瞩[29]。闾阎扑地，钟鸣鼎食之家[30]；舸舰迷津，青雀黄龙之舳[31]。云销雨霁[32]，彩彻区明[33]。落霞与孤鹜齐飞，秋水共长天一色。渔舟唱晚，响穷彭蠡之滨[34]；雁阵惊寒，声断衡阳之浦[35]。

遥襟甫畅[36]，逸兴遄飞[37]。爽籁发而清风生[38]，纤歌凝而白云遏[39]。睢园绿竹，气凌彭泽之樽[40]；邺水朱华，光照临川之笔[41]。四美具，二难并[42]。穷睇眄于中

[17] 潦（lǎo）水：因雨而积下的水。

[18] 俨（yǎn）：整齐肃然的样子。骖騑：古代驾车用四马的时候，两边的马称为骖马或騑马。上路：地势高的路。

[19] 崇阿（ē）：高的山陵。

[20] 临帝子之长洲两句。帝子：指滕王。长洲：指阁前的沙洲。天人，也指滕王。旧馆：指滕王阁。

[21] 飞阁：架空的阁道。流丹：流着红光。

[22] 下临无地：因为阁道建得高，所以从高往下看不到地。

[23] 鹤汀：鹤所栖的水边平地。凫渚：野鸭居处的水中小洲。

[24] 穷：尽。

[25] 即冈峦之体势：意思是滕王阁建筑结构和冈峦的体势配合得很自然。即，一本作“列”。

[26] 披：推开。绣闼：描画装饰秀美的门。

[27] 甍（méng）：屋脊。

[28] 旷：空阔。盈视：满目。

[29] 纡（yū）：曲折。一作吁。骇瞩：惊骇于所看见的。

[30] 闾阎扑地两句。闾阎：里巷的门，泛指房屋。扑地：遍地。钟鸣鼎食：形容富贵人家的豪华景象。两句的意思是满地住宅都是富贵人家。

[31] 舸舰迷津两句。舸（gě）舰：大船。迷津：迷乱了渡口，意指渡口船非常多。青雀黄龙：船名，因其像雀和龙而得名。舳（zhú）：船后掌舵处，此处泛指船。

[32] 霁：雨停。

[33] 区：区宇，指空间。

[34] 彭蠡（lǐ）：古泽名。

[35] 浦：水边。

[36] 遥襟：远怀，一作遥吟。

[37] 遄（chuán）：急速貌。

[38] 爽籁：指箫管之类的乐器。

[39] 纤歌：声音柔细的歌曲。

[40] 睢（suī）园绿竹两句。睢园：睢水旁边的一个竹园，晋梁孝王常在此与雅士宴集。凌：压倒。彭泽：借指陶渊明。两句是借梁孝王宴聚宾客与陶渊明善饮来赞夸阎公及座中的雅士豪饮。

[41] 邺水朱华两句：邺：是曹魏兴起之地，在今河北临漳，这里借指曹植，当时他有“朱华冒绿池”句。朱华：芙蓉。临川：今在江西，谢灵运曾在此做官，所以用临川指代谢灵运。这里是夸赞阎公与座中能诗之人。

[42] 四美：良辰、美景、赏心、乐事。二难：贤主，嘉宾难得。

天[43]，极娱游于暇日[44]。天高地迥，觉宇宙之无穷；兴尽悲来，识盈虚之有数[45]。望长安于日下，目吴会于云间[46]。地势极而南溟深[47]，天柱高而北辰远[48]。关山难越，谁悲失路之人[49]；萍水相逢[50]，尽是他乡之客。怀帝阍而不见[51]，奉宣室以何年[52]？

嗟乎！时运不齐，命途多舛[53]。冯唐易老[54]，李广难封[55]。屈贾谊于长沙，非无圣主[56]；窜梁鸿于海曲，岂乏明时[57]？所赖君子见机[58]，达人[59]知命。老当益壮，宁移白首之心[60]；穷且益坚，不坠青云之志。酌贪泉而觉爽[61]，处涸辙以犹欢[62]。北海虽赊，扶摇可接[63]；东隅已逝，桑榆非晚[64]。孟尝高洁，空余报国之情[65]；阮籍猖狂，岂效穷途之哭[66]。

勃，三尺微命[67]，一介

[43] 穷睇（dì）眄（miǎn）：极目而视。

[44] 极娱游：极尽娱乐嬉游。

[45] 盈虚：兴亡穷达。数：命运。

[46] 望长安于日下两句。长安：唐代京城。吴会：吴郡和会稽郡，今浙江、江苏一带。日下与云间都是极言其远。《世说新语·夙惠》记晋明帝有“举目见日，不见长安”语。这里暗含作者父亲远谪南行的悲凉。

[47] 南溟：南海。

[48] 天柱：《神异经》上说昆仑之山有一根铜柱，高耸入云，称为天柱。

[49] 失路：不得志。

[50] 萍水，一作沟水，意同。

[51] 帝阍（hūn）：天帝的守门人，借指君门，宫门。

[52] 奉宣室以何年句：宣室指汉未央宫正殿，为皇帝召见大臣议事之处。贾谊迁谪长沙四年后，汉文帝又在宣室召见过贾谊。作者这里意指自己想入朝做官不知要等到什么时候。

[53] 舛（chuǎn）：不顺。

[54] 冯唐：西汉人，文帝时做车骑都尉，景帝时做过楚相，后被免去，武帝时求贤良想用冯唐，可是他已经九十多岁，太老了。

[55] 李广：汉武帝时名将，军功卓著，但终身未获封侯。

[56] 屈贾谊于长沙句。贾谊在汉文帝时被贬为长沙王太傅，并不是没有圣主。圣主：汉文帝。

[57] 窜梁鸿于海曲句。东汉人梁鸿得罪章帝，只好隐居在齐鲁之间，并不是没有政治清明的年代。海曲：海滨之地。明时：章帝时代。

[58] 见机：事前觉察到事物发生的可能与趋势。

[59] 达人：通达事理的人。

[60] 宁：难道。

[61] 贪泉：在广东石门，传说饮此水会贪得无厌，但晋朝廉官吴隐之到广州刺史任，喝过贪泉水，并认为只要是廉洁之士，喝了贪泉水并不会改变他们的心志。

[62] 涸辙：水已枯竭的车辙，比喻困厄的处境。

[63] 赊：远。扶摇：旋风。

[64] 东隅：日出处，指早晨。桑榆：日落处，指傍晚。

[65] 孟尝：字伯周，东汉会稽人，顺帝时曾任合浦太守，廉洁奉公，桓帝时却未被起用。

[66] 阮籍：魏晋名士，为避时害，经常驾车率意行走，遇到道路不通，就恸哭而返。

[67] 三尺微命：指官位卑微，无足轻重。

书生。无路请缨[68]，等终军之弱冠[69]；有怀投笔，慕宗悫之长风[70]。舍簪笏于百龄，奉晨昏于万里[71]。非谢家之宝树[72]，接孟氏之芳邻[73]。他日趋庭，叨陪鲤对[74]；今兹捧袂，喜托龙门[75]。杨意不逢，抚凌云而自惜[76]；钟期既遇，奏流水以何惭[77]？

呜呼！胜地不常，盛筵难再；兰亭已矣[78]，梓泽丘墟[79]。临别赠言，幸承恩于伟饯[80]；登高作赋，是所望于群公。敢竭鄙怀[81]，恭疏短引；一言均赋，四韵俱成。请洒潘江，各倾陆海云尔[82]。

[68] 请缨：请求赐予长缨，意为愿受令前去杀敌。

[69] 终军：字子云，汉济南人，二十余岁时受武帝令出使南越。等，等同于。弱冠：二十岁。

[70] 投笔：投笔从戎，故事来源于东汉班超投笔从戎、异域立功的史实。宗悫（què）：南朝宋南阳人，字元干，年轻时就表明其志向是“愿乘长风破万里浪”。

[71] 舍簪笏（hù）两句：古代标志官吏身份的用物，本处代指官职地位。百龄：一生。奉晨昏：早晚向父母问安。两句的意思是舍掉一生前程不做官了，要到万里之外去看望父亲。

[72] 谢家之宝树：指谢玄，他曾以侄辈身份回答谢安，要像芝兰玉树那样立于庭阶才符合长辈的培育之愿。

[73] 孟氏之芳邻：用的是孟母三迁的故事，孟子的母亲为教育儿子曾三次搬家，最后定居于学宫附近。

[74] 趋庭：在庭中快步走过。鲤：孔鲤，孔子之子，鲤对意思是在父亲面前回答父亲的问话。

[75] 捧袂：恭敬举起双袖奉陪。龙门：本处指得到阎都督的接待，像登了龙门一样高兴。

[76] 杨意：杨得意的省称，司马相如因为得到他的引荐做了官。作者以司马相如自比，感叹还没有遇到引荐他的人。

[77] 钟期：钟子期。这里用的是伯牙鼓琴遇到知音钟子期的故事。作者自比伯牙，将阎都督比成了钟子期。

[78] 兰亭：在今浙江省绍兴市附近，晋人王羲之曾与群贤宴集于此。

[79] 梓泽：即晋石崇的金谷园。石崇当时以奢靡著称，而现在金谷园已经成了荒丘废墟了。

[80] 伟饯（jiàn）：盛大的宴会。

[81] 鄙怀：鄙陋的心怀，此是谦辞。

[82] 潘江：潘指潘岳。陆海：陆指陆机。钟嵘《诗品》：“陆才如海，潘才如江。”这里是说请在座各位客人施展才华赋诗一首。云尔：语气词。

【导读】

本文题名是“序”，实际是一篇典型的骈赋。作者的父亲王福当时被贬在交趾(今越南北部)任职，王勃前往省亲，经过南昌时，碰上都督阎公新修滕王阁，大会宾客，于是操觚为赋。全文可分四部分。开篇至“躬逢胜饯”是第一部分。概写洪州的地理风貌，引出参加宴会的人物。从“时维九月”到“声断衡阳之浦”是第二部分。写三秋时节滕王阁的自然人文景观，寒潭暮山，落霞秋水，气象万千。从“遥襟甫畅”到“岂效穷途之哭”是第三部分。先写宴会盛况，良辰、美景、赏心、乐事，四美皆具；贤主、嘉宾，二难兼得。接着转写兴尽悲来，感慨人生。虽有失路之叹，但最终还是表现出“不坠青云之志”的志气襟怀。从“勃，三尺微命”到篇终是第四部分。先述说自己怀才不遇的苦闷，一介书生，无路请缨，后以兰亭雅集为引，感叹盛筵难再，谦词作结，非常得体。

韩愈《新修滕王阁记》中说：“愈少时，则闻江南多临观之美，则滕王阁独为第一，有瑰伟绝特之称。及得三王所为序、赋、记等，壮其文辞，益欲往一观而读之，以忘吾忧。”这“序”就是指《滕王阁序》。

刘禹锡

刘禹锡（772—842），字梦得，洛阳(今河南省洛阳市)人，唐朝文学家。曾任监察御史，是王叔文政治改革集团的一员。永贞革新失败被贬为朗州（今湖南常德）司马，后又入朝为主客郎中，官至检校礼部尚书。刘禹锡和韩愈、白居易等有深厚的交情，他对当时民间俚歌俗调的重视与相应的艺术实践为后人称道，代表作有《竹枝词》与《柳枝词》，语言干净明快、风情俊爽。著有《刘梦得文集》。

陋室铭

山不在高，有仙则名[1]。水不在深，有龙则灵[2]。斯是陋室，惟吾德馨[3]。苔痕上阶绿，草色入帘青。谈笑有鸿儒[4]，往来无白丁[5]。可以调素琴[6]，阅金经[7]。无丝竹之乱耳[8]，无案牍之劳形[9]。南阳诸葛庐，西蜀子云亭[10]。孔子云：“何陋之有[11]？”

【注释】

［1］ 名：著名，有名。

［2］ 灵：灵异，神奇。

［3］ 德馨：品德高尚。

［4］ 鸿儒：大儒，指学识渊博、品德高尚的人。

［5］ 白丁：原指没有官职的人，这里指没有学问的浅薄无知的人。

［6］ 素琴：没有装饰的琴。

［7］ 金经：古代用泥金书写而成的佛经。

［8］ 丝竹：琴、瑟、箫、笛等乐器的总称。

［9］ 案牍：官府的公文。劳形：使身体劳累。

【导读】

刘禹锡当年被贬到安徽和州任刺史，遭到地方官的各种刁难，半年之内连续搬了三次家，住处一次比一次小，这种情况下，刘禹锡写下《陋室铭》以明志。短赋共九句。前三句以山水起兴，引入正题，即居处虽然简陋，却因主人有“德”而“馨”；中间四句写室外环境和室内起居生活，交往鸿儒，抚

[10] 南阳诸葛庐，西蜀子云亭：南阳有诸葛亮的草庐，西蜀有扬子云（扬雄，字子云，西汉时文学家）的亭子。这两句是说，诸葛庐和子云亭都很简陋，因为居住的人很有名，所以受到人们的景仰。

[11] 何陋之有：有什么简陋呢？语出《论语·子罕》。

琴阅经，雅致澹泊，心志空明；最后两句，先以古代高洁之士自况，又引圣人之言收束全篇，说明陋室不陋。

杜牧

阿房宫赋

六王毕，四海一[1]，蜀山兀，阿房出[2]。覆压三百余里，隔离天日[3]。骊山北构而西折，直走咸阳[4]。二川溶溶[5]，流入宫墙。五步一楼，十步一阁；廊腰缦回[6]，檐牙高啄[7]；各抱地势[8]，钩心斗角[9]。盘盘焉，囷囷焉，蜂房水涡，矗不知其几千万落[10]。长桥卧波，未云何龙[11]？复道行空[12]，不霁何虹[13]？高低冥迷[14]，不知西东。歌台暖响，春光融融[15]；舞殿冷袖，风雨凄凄。一日之内，一宫之间，而气候不齐。

妃嫔媵嫱，王子皇孙，辞楼下殿，辇来于秦[16]。朝歌夜弦，为秦宫人。明星荧荧，开妆镜也[17]；绿云扰扰，梳晓鬟也[18]；渭流涨腻，弃脂水也[19]；烟斜

【注释】

［1］六王毕两句：六国灭亡了，四海统一了。六王：指战国时期的韩、赵、魏、楚、燕、齐六国的国王。毕：完结，指为秦国所灭。

［2］蜀山兀（wù）两句：四川的山光秃了，阿房宫出现了。兀，高而上平，这里形容山的光秃。

［3］覆压两句：覆盖了三百多里的地面，遮蔽了天日。形容宫殿接连不断，楼阁高大。

［4］骊（lí）山北构两句：（阿房宫）从骊山北边起势修建，折而向西，直通咸阳。走：趋向。

［5］二川：渭水和樊川。溶溶：水盛貌。

［6］廊腰：连接高大建筑物的走廊，好像人的腰部。缦（màn）回：（走廊）萦绕曲折。

［7］檐牙：屋檐犹如突起的牙齿。高啄：鸟嘴一般向上噘起。

［8］各抱地势：各随地形。抱：依托。

［9］钩心：指各种建筑物都向中心区攒聚。斗角：指屋角互相对峙。

［10］盘盘焉四句：盘旋，屈曲，像蜂房，像水涡，矗立着不知它们有几千万座。盘盘，盘旋曲折的样子；囷（qūn）囷，迂回旋折的样子；矗：形容建筑物高高耸立的样子。

［11］长桥卧波两句：长桥卧在渭水上，天上没有云，怎么出现了龙？

［12］复道：连接楼阁的通道。

［13］霁：雨过天晴。

［14］冥迷：分辨不清。

［15］歌台暖响两句：人们在台上唱歌，歌乐之声充满着暖意，如同春光那样融合。

［16］妃嫔（pín）媵（yìng）嫱（qiáng）四句：六国王侯的宫妃与女儿、孙女都辞别她们各自故国楼阁宫殿，乘着辇车来到秦国。宫妃有等级，妃的等级比嫔、嫱高，媵是陪嫁的侍女。

［17］明星荧荧两句：宫人打开梳妆的镜子，多如明星闪亮。

［18］绿云扰扰两句：宫女早上梳妆，头发浓如绿云一般浮动。

［19］渭流涨腻两句：渭水涨起了一层油腻，那是宫女洗弃的脂粉形成的。

雾横，焚椒兰也[20]。雷霆乍惊，宫车过也；辘辘远听[21]，杳不知其所之也[22]。一肌一容，尽态极妍[23]，缦立远视，而望幸焉[24]。有不得见者，三十六年。燕赵之收藏[25]，韩魏之经营，齐楚之精英，几世几年，剽掠其人[26]，倚叠如山[27]。一旦不能有，输来其间[28]。鼎铛玉石，金块珠砾[29]，弃掷逦迤[30]，秦人视之，亦不甚惜。

嗟乎！一人之心，千万人之心也。秦爱纷奢[31]，人亦念其家。奈何取之尽锱铢[32]，用之如泥沙？使负栋之柱[33]，多于南亩之农夫[34]；架梁之椽[35]，多于机上之工女；钉头磷磷[36]，多于在庾之粟粒[37]；瓦缝参差，多于周身之帛缕[38]；直栏横槛[39]，多于九土之城郭；管弦呕哑[40]，多于市人之言语。使天下之人，不敢言而敢怒。独夫之心[41]，日益骄固[42]。戍卒叫[43]，函谷举[44]，楚人一炬[45]，可怜焦土！

呜呼！灭六国者六国也，非秦也；

[20] 烟斜雾横两句：烟雾弥漫飘散，那是宫中用椒兰那些香料熏烘衣物。

[21] 辘（lù）辘远听：车行之声越听越远。

[22] 杳：渺远。之：往，到。

[23] 妍：美丽。

[24] 缦（màn）立远视两句：久立在那里向远处眺望，盼望皇帝来临。

[25] 收藏：指收藏的金玉珍宝等物。下文的“经营”“精英”意思相同。

[26] 剽掠其人：从百姓那里抢来。

[27] 倚叠：堆积。

[28] 其间：指阿房宫。

[29] 鼎铛（chēng）玉石两句：把宝鼎看作铁锅，把美玉看作石头，把黄金看作土块，把珍珠看作石子。铛，平底的浅锅。

[30] 逦（lǐ）迤（yǐ）：连续不断，到处都是。

[31] 纷奢：纷华奢侈。

[32] 锱（zī）铢（zhū）：极言其细微。一两的二十四分之一叫铢，六铢为锱。

[33] 负栋之柱：支撑栋梁的柱子。

[34] 南亩：泛指田地。

[35] 架梁之椽：架在屋檐上的木条。

[36] 磷磷：水中石头突立的样子，这里形容阿房宫建筑上突出的钉头。

[37] 庾（yǔ）：露天的谷仓。

[38] 帛缕：丝帛服装的线缕。

[39] 直栏横槛（jiàn）：纵横的栏杆。

[40] 呕哑：乐声杂乱。

[41] 独夫：失去人心统治者，这里指秦始皇。

[42] 骄固：骄横顽固。

[43] 戍卒叫：指陈胜、吴广起义。

[44] 函谷举：函谷关被攻破，指刘邦入关。

[45] 楚人一炬：指项羽火烧阿房宫。

族秦者秦也[46]，非天下也。嗟夫！使六国各爱其人，则足以拒秦；使秦复爱六国之人，则递三世可至万世而为君，谁得而族灭也？秦人不暇自哀[47]，而后人哀之；后人哀之而不鉴之，亦使后人而复哀后人也。

[46] 族秦：使秦灭族，即亡秦。

[47] 不暇：来不及。

【导读】

《阿房宫赋》描写阿房宫的兴建衰毁，总结秦朝统治者亡国的历史教训，借古讽今。本赋可以分成前后两部分。第一、二段为第一部分，由外到内，铺叙阿房宫建筑宏奇，极写宫中生活奢靡。第三、四段为第二部分，由叙及议，得出“族秦者秦也”的结论，目的是在规劝唐朝当时的统治者勿蹈秦王朝的覆辙。杜牧自己曾在《上知己文章启》中说：“宝历大起宫室，广声色，故作《阿房宫赋》。”

苏轼

前赤壁赋

壬戌之秋[1]，七月既望[2]，苏子与客泛舟游于赤壁之下。清风徐来，水波不兴。举酒属客[3]，诵明月之诗，歌窈窕之章[4]。少焉，月出于东山之上，徘徊于斗牛之间[5]。白露横江[6]，水光接天。纵一苇之所如[7]，凌万顷之茫然[8]。浩浩乎如冯虚御风[9]，而不知其所止；飘飘乎如遗世独立[10]，羽化而登仙[11]。

于是饮酒乐甚，扣舷而歌之。歌曰："桂棹兮兰桨[12]，击空明兮溯流光[13]。渺渺兮予怀，望美人兮天一方[14]。"客有吹洞箫者，倚歌而和之[15]。其声呜呜然，如怨如慕，如泣如诉；余音袅袅，不绝如缕。舞幽壑之潜蛟[16]，泣孤舟之嫠妇[17]。

苏子愀然[18]，正襟危坐[19]，而问客曰："何为其然也？"客曰："'月明星稀，乌鹊南飞'，此非曹孟德之诗

【注释】

［1］ 壬戌：指宋神宗元丰五年（1082），岁次壬戌。

［2］ 既望：阴历每月的十六日。望：阴历（每月）十五。

［3］ 属（zhǔ）客：向客人敬酒。

［4］ 诵明月之诗两句：明月：指《诗经·陈风》中《月出》一诗；窈窕：指《月出》诗中的第一章。

［5］ 斗（dǒu）牛：星宿名，指南斗星和牛宿星。

［6］ 白露：水面上月光闪烁，白似露珠。

［7］ 一苇：指小船，作者以狭窄的苇叶比喻舟之小。所如：所到，所往。

［8］ 茫然：描写万顷水域一望无际的样子。

［9］ 冯（píng）虚御风：冯：同"凭"；虚：太空；御风：驾着风。

［10］ 遗世：脱离尘世。

［11］ 羽化：道家语，指人飞升成仙。登仙：进入仙境。

［12］ 桂棹：用桂木做的桨。兰桨：用木兰做的桨。桂树、木兰一样，都是芳香华美之木。

［13］ 空明：倒映在水中的月亮。流光：随波荡漾流动的月光。

［14］ 渺渺兮予怀两句：大意是我怀念着遥远的地方，那里有着远在天边的美人。美人：指内心所思慕的人，喻指君主。

［15］ 倚歌：按照歌的节拍。

［16］ 舞：使……起舞。潜蛟：隐伏水下的蛟龙。

［17］ 泣：使……哭泣。嫠（lí）妇：孤居的女人。

［18］ 愀（qiǎo）：脸色改变。

［19］ 正襟危坐：整理衣襟，严肃端坐。

乎[20]？西望夏口[21]，东望武昌[22]，山川相缪[23]，郁乎苍苍，此非孟德之困于周郎者乎[24]？方其破荆州[25]，下江陵，顺流而东也，舳舻千里[26]，旌旗蔽空，酾酒临江[27]，横槊赋诗[28]，固一世之雄也，而今安在哉？况吾与子渔樵于江渚之上[29]，侣鱼虾而友麋鹿[30]，驾一叶之扁舟，举匏樽以相属[31]。寄蜉蝣于天地[32]，渺沧海之一粟[33]。哀吾生之须臾[34]，羡长江之无穷。挟飞仙以遨游，抱明月而长终[35]。知不可乎骤得[36]，托遗响于悲风[37]。”

苏子曰：“客亦知夫水与月乎？逝者如斯，而未尝往也；盈虚者如彼[38]，而卒莫消长也[39]。盖将自其变者而观之，则天地曾不能以一瞬；自其不变者而观之，则物与我皆无尽也，而又何羡乎？且夫天地之间，物各有主，苟非吾之所有[40]，虽一毫而莫取[41]。惟江上之清风，与山间之明月，耳得之而为声，目遇之而成色，取之无禁，用之不竭。是造物者之无尽藏也[42]，而吾与子之所共适。”

[20] 曹孟德：曹操。曹操字孟德。

[21] 夏口：今湖北武昌。

[22] 武昌：今湖北鄂城。

[23] 缪（liǎo）：同“缭”，环绕。

[24] 周郎：周瑜，三国东吴名将。此句指汉献帝建安十三年（公元208年），东吴周瑜火烧曹操战船，大败曹军于赤壁事。

[25] 其：此处指代曹操。

[26] 舳（zhú）舻（lú）：船后掌舵处为舳，船前安棹处为舻。舳舻千里，船首尾连接，船队极其长。

[27] 酾（shī）酒：斟酒，洒酒。

[28] 横槊：横握长矛。

[29] 渔樵：打鱼、砍柴。

[30] 侣鱼虾：以鱼虾为伴侣。友麋（mí）鹿：与麋鹿交朋友。麋：鹿的一种。

[31] 匏（páo）樽：指粗陋的酒器。匏：葫芦的一种。相属（zhǔ）：互相酌酒相敬。

[32] 寄：寄托。蜉蝣：一种朝生夕死的水边小飞虫。比喻人生短促。

[33] 渺：小。

[34] 须臾：片刻。

[35] 挟飞仙两句：意思是愿和飞仙一起周天漫游，同月亮一起永远长存。

[36] 骤得：突然得到。

[37] 遗响：余音，赋中指洞箫的余音。悲风：秋风。

[38] 盈虚：满与缺。

[39] 卒：终于，最终。消长：消失或增长。

[40] 苟：倘若，假如。

[41] 虽：即使。

[42] 无尽藏（zàng）：佛家语，意思是数不尽的宝藏。

[43] 更：又，再。
[44] 肴核既尽：菜肴与果品已经吃光了。
[45] 狼籍：纵横散乱的样子。
[46] 枕藉（jiè）：（互相）紧靠着睡觉。
[47] 既白：已经变白，指天亮了。

客喜而笑，洗盏更酌[43]。肴核既尽[44]，杯盘狼籍[45]。相与枕藉乎舟中[46]，不知东方之既白[47]。

【导读】

苏轼写《前赤壁赋》是在被贬谪居黄州三年之后。外在线索表现为由月下泛舟写到东方既白，似是游记；内在情感表现则是从夜游之乐到乐极悲来，再到脱悲得悟。具体分成三层：第一层从开头到“羽化而登仙”，明月清风，万顷一苇，引出了作者的遗世独立之情；第二层从“于是饮酒乐甚”到“托遗响于悲风”，先扣舷而歌，后听箫愀然，于是主客问答，怀古悲今；第三层从“苏子曰”到结束，作者以当夜的江水明月与清风为喻，不同意客人的悲观议论，终于使得“客喜而笑，洗盏更酌”，表现出作者超脱达观的境界与情怀。

五、古文

老 子

老子，姓李，名耳，字聃，春秋后期陈国人（今河南鹿邑县），比孔子略早。曾担任周王朝图书管理工作（柱下史），后去职隐居，著有《老子》上下篇，共八十一章，约五千字，因强调“道”是世界的本源，“德”是道的具体化，故又称为《道德经》，是道家学派最重要的经典。老子认为，道先于天地万物而存在，物质世界形成后，道是世界运行的规律，道的最主要特点是“无为”，矛盾的两个方面会互相转化。人要向道学习，反对违背自然规律的人为，要安于处在弱势一方。传世《老子》主要是王弼整理本。

《老子》四则

天下皆知美之为美，斯恶已[1]；皆知善之为善，斯不善已。

有无相生，难易相成，长短相形，高下相盈[2]，音声相和[3]，前后相随，恒也。

是以圣人处无为之事，行不言之教；万物作而弗始，生而弗有，为而弗恃，功成而弗居。夫唯弗居，是以不去。

（《第二章》）

【注释】

［1］ 恶：丑。已：通“矣”。

［2］ 盈：通行本作“倾”，应为“盈”，意思是包含。

［3］ 音：乐器发出的音响。声：歌者演唱的声音。当时很少单纯的器乐演奏，歌唱者与器乐伴奏要互相配合。

【导读】

这是《老子》第二章，主要论述矛盾两个方面的相互依存关系，有无、难易、长短、高下、音声、前后等互相矛盾的概念之所以能存在，都以对立方面的存在为前提。既然如此，当人们认识到美的事物存在时，就意味有不美（恶）的事物同时存在，都知道善存在时，不善也出现了。圣人认识到这一规律，对外界事物不强行区分，不干涉其自由发展，因为不占有，所以也不会失去。但有无、难易、美恶、善不善等概念是人对客观事物的认识，老子未能讨论的是：即使人类对外界事物不加分别，客观上这些矛盾还是存在的。

将欲歙之[1]，必固张之[2]；将欲弱之，必固强之；将欲废之，必固兴之；将欲取之，必故与之。是谓微明[3]。

柔弱胜刚强。鱼不可脱于渊，国之利器不可以示人。

（《第三十六章》）

【注释】

［1］ 歙（xī）：合。

［2］ 张：开。

［3］ 微明：不易察觉的先兆。

【导读】

该章讨论利用道的运行规律治理国家。道的运行最主要特点是矛盾两个方面互相转化，强大的一方最终会衰弱，而弱的一方会变得强大。这一规律并非人人能把握，只有对道有深刻理解的人才能认识这一变化规律，所以称为“微明”。治国者要根据道的这一规律，促进敌人由强到弱的变化，这就是治国“利器”，就像鱼不能离开水一样，这一治国“利器”也不能让人看出来，若被人识破，其效用就大打折扣。

圣人常无心[1]，以百姓心为心。

善者，吾善之；不善者，吾亦善之；德善[2]。

信者，吾信之；不信者，吾亦信之；德信。

圣人在天下，歙歙焉[3]，为天下浑其心[4]，百姓皆注其耳目[5]，圣人皆孩之[6]。

（《第四十九章》）

【注释】

[1] 无心：没有私心。

[2] 德：同“得”，下句“德信”之“德”也同“得”。

[3] 歙（xī）歙：收敛意欲，克制自己。

[4] 浑：使人心浑厚。

[5] 注：专注，指利用聪明，争权夺利。

[6] 孩：回到婴孩一样纯真的状态。

【导读】

该章主要讲统治者与民众的关系。文中“圣人”指能根据道的规律治理天下的统治者。统治者对天下百姓一视同仁，没有亲疏远近之分，尤其不能根据道德水平对民众进行分类。统治者不能按照自己的主观意图改造民众，而是顺从民众本来的意愿。

江海之所以能为百谷王者，以其善下之，故能为百谷王。

是以圣人欲上民[1]，必以言下之；欲先民，必以身后之。是以圣人处上而民不重[2]，处前而民不害[3]。是以天下乐推[4]而不厌。以其不争，故天下莫能与之争。

（《第六十六章》）

【导读】

该章论统治者与民众的关系，根据大自然中江海容纳百川才形成江海的现象推导出，圣王也要谦虚，不要认为比民众高明，只有虚心向民众学习，才能集中群众智慧，最终统治民众。

【注释】

[1] 上民：把自己摆在民众之上，即统治民众。

[2] 重（zhòng）：重负，劳累。

[3] 害：受害。

[4] 推：推戴，推举。

《论语》

孔子（公元前551—前479），名丘，字仲尼，春秋末期鲁国人（今山东曲阜），中国古代伟大的教育家、哲学家和政治思想家。三十余岁开始收徒讲学，除短暂从政外，一生主要从事教学工作，打破官府垄断教育的局面。他总结夏、商、周三代文明，对过去的官学教材重新编订，整理过《诗》《书》《易》《春秋》等，成为后世两千余年中国文化传承的重要载体。他在周王朝重视“礼”的基础上又强调“仁”，对中国思想有极其深远的影响。去世后，其言论被弟子编进《论语》一书，该书在流传过程中又加入其弟子的一些言论。今本《论语》共二十篇，从汉代起为读书人必读之书。该书语言简练，却包含深邃的人生哲理。

《论语》八则

曾子曰："吾日三省吾身[1]：为人谋而不忠乎[2]？与朋友交而不信乎？传不习乎[3]？"

（《学而篇第一》）

【注释】

[1] 省（xǐng）：省察、检查。

[2] 忠：尽心竭力。

[3] 传（chuán）：老师传授给自己的。

【导读】

曾子即曾参，是孔子弟子中年龄最幼者之一。此章自述修身之法——自省，不断在内心反省自己的行为是否符合规范，自觉改正不合规范之处，是修身的重要途径。不同的人生阶段需要反省的内容不同，曾参此处主要从与人交往和学习知识的角度进行自省。

子曰：“君子食无求饱，居无求安，敏于事而慎于言[1]，就有道而正焉[2]，可谓好学也已。”

（《学而篇第一》）

【导读】

孔子并不轻易许人“好学”。当鲁哀公问孔子其弟子中谁称得上“好学”时，孔子感慨地回答，只有刚去世的颜回“好学”，不迁怒于他人，同样错误不会再犯，其他弟子都称不上“好学”。可见孔子对弟子评价中，对错误的态度是判定学生是否好学的重要标准，此处“就有道而正焉”也是指改正自己的错误。学习不仅是学习文化知识，孔子更看重道德的提升。好学之人不能太多关注物质享受，要把主要精力放在言行的恰当上。

【注释】

［1］　敏：行动敏捷。

［2］　就：接近，靠近。有道：指有道德的人。

子曰："富与贵，是人之所欲也；不以其道得之，不处也。贫与贱，是人之所恶也；不以其道得之[1]，不去也。君子去仁，恶乎成名[2]？君子无终食之间违仁，造次必于是[3]，颠沛必于是。"

（《里仁篇第四》）

【注释】

[1] 得：此处同"去"。

[2] 恶（wū）：何，怎么，表示疑问。

[3] 造次：急遽、仓猝。

【导读】

该章主要讲如何对待富贵、贫贱。孔子认为追求富贵，摆脱贫贱，都属于人的正常愿望，是无可厚非的，但实现目的的道路有多种，君子追求富贵、摆脱贫贱一定要符合"道"。孔子所说的"道"，与老子的"道"不同。孔子强调以"仁"为君子之道，追求富贵不能违背"仁"。

子曰："饭疏食饮水[1]，曲肱而枕之[2]，乐亦在其中矣。不义而富且贵，于我如浮云。"

（《述而篇第七》）

【导读】

该章与前章类似，也是讲对待富贵和贫贱的态度。孔子肯定人的正常愿望，也追求富贵，说过若能追求到富贵，即使从事低贱的工作也能接受，但不符合道义的富贵他根本不予考虑。追求不到富贵时，过简单的生活，同样能获得内心的愉悦。孔子多次说到追求不到富贵时的人生态度，对那些没有底线追求富贵的人是一种批判。

【注释】

[1] 饭疏食：吃粗粮。

[2] 肱（gōng）：指自己的手臂。

曾子曰："士不可以不弘毅[1]，任重而道远。仁以为己任，不亦重乎？死而后已，不亦远乎？"

（《泰伯篇第八》）

【注释】

[1] 弘：格局弘大。毅：坚韧不拔。

【导读】

曾参此言，探讨士人必须具有"弘毅"人格的原因。士人以仁为己任，格局大，任务重，并且要持之以恒，不能半途而废，必须具有坚忍不拔的毅力，才能承担重任。

颜渊问仁。子曰："克己复礼为仁[1]。一日克己复礼，天下归仁焉[2]。为仁由己，而由人乎哉？"颜渊曰："请问其目[3]。"子曰："非礼勿视，非礼勿听，非礼勿言，非礼勿动。"颜渊曰："回虽不敏，请事斯语矣。"

（《颜渊篇第十二》）

【导读】

孔子从来没有为"仁"下过完整的定义，此处"克己复礼"也是孔子之前就已经流行的成语，但孔子对前人又有突破。他既把复礼当做目的，仁是复礼的手段，同时又把礼作为仁的手段，只有视、听、言、动都合礼，才符合仁。孔子把仁引进礼的实践中，为礼的实行提供心理依据。

【注释】

[1] 克：克制、约束。己：个人不合理的欲望。复：回归。

[2] 归：称赞。

[3] 目：条目。

子贡问曰："有一言而可以终身行之者乎？"子曰："其恕乎！己所不欲，勿施于人。"

（《卫灵公篇第十五》）

【导读】

"一言"指一个字，孔子认为"恕"就是可以终身践行的原则。从字形看，"恕"有"人同此心，心同此理""将心比心"的意思，孔子解释为"己所不欲，勿施于人"。一般情况下，己所不欲，也是他人所不欲，强加于人只能破坏人际关系，这是处理与他人关系的重要原则，西方也有类似说法，被称为"黄金律"。并非知道这一原则就能很好做到，有一次子贡说"我不欲人之加诸我也，吾亦不加诸人"，也就是要践行"恕"之意，孔子评价道："非尔所及也。"如果自己想达到某种目的，也推己及人，使别人也能达到，做到"己欲立而立人，己欲达而达人"，就是达到"仁"的方法。

子曰："君子谋道不谋食[1]。耕也，馁在其中矣[2]；学也，禄在其中矣。君子忧道不忧贫。"

（《卫灵公篇第十五》）

【导读】

孔子所谓"道"与老子不同，此处之"道"要通过学习才能获得。儒家强调学习的重要，不能只考虑眼前的物质利益，要把目光放长远些。只看到眼前，一心谋求衣食，说不定会衣食无着，努力学习经典，掌握治国之道，个人发展前景也更广阔。这是针对那些不能克服眼前经济困难、准备打退堂鼓的学生说的。

【注释】

[1] 谋：求。

[2] 馁（něi）：饥饿。

孟　子

孟子（约前372—前289），名轲，邹（今山东邹城东南）人，战国中期儒家学派的主要代表人物，后世尊之为“亚圣”。早年受业于孔子之孙子思的门人。后游历齐、宋、滕、魏诸国，曾任齐宣王客卿。因政治主张不为诸侯所用，晚年退而与弟子万章、公孙丑等著书立说，作《孟子》七篇。孟子学术上继承了孔子的思想，提出了“性善”论。政治上主张实行“仁政”，反对“霸道”，并提出了“民贵君轻”的思想。其思想学说对后世影响极大。后人把他的思想与孔子思想并称为“孔孟之道”。

《孟子》四则

孟子曰："桀纣之失天下也[1]，失其民也；失其民者，失其心也。得天下有道：得其民，斯得天下矣。得其民有道：得其心，斯得民矣。得其心有道：所欲与之聚之[2]，所恶勿施尔也[3]。"

（《离娄上》）

【注释】

[1] 桀纣：桀是夏朝亡国之君，纣是商朝亡国之君，后世成为残暴统治的同义语。

[2] 聚：收藏、聚积。

[3] 施：实行。

【导读】

孟子从正反两个方面论证"得民心者得天下"的道理，最后提出得民心的方法：顺应民心。"所欲与之聚之，所恶勿施尔也"就是对孔子"己欲立而立人，己欲达而达人"和"己所不欲，勿施于人"的概括。

五百年必有王者[1]兴，其间必有名世[2]者。由周而来，七百有余岁矣。以其数，则过矣；以其时考之，则可矣。夫天未欲平治天下也；如欲平治天下，当今之世，舍我其谁也？

（《公孙丑下》）

【导读】

孟子根据夏商周相继兴起而开国之君比较贤明的历史，得出“五百年必有王者兴”的结论，夏王朝存在近五百年，商王朝也大致延续五百年。孟子所处的战国中期，周王朝已经建立七百多年，以五百年为周期，早应该有王者兴起，当时的乱世尤其呼唤王者。孟子有强烈的历史责任感，认为自己可以承担平治天下的重任，即使不是统一天下的王者，也是引导王者的“名世者”，即“王者师”。孟子之所以这么自信，是因为他觉得自己掌握了统一天下的方法——王道，这与当时诸侯追求称霸的行径不同。虽然结束战国混乱局面的秦始皇不是使用孟子理想的王道统一天下，但秦朝迅速崩溃也证明孟子王道理想的价值。

【注释】

[1] 王者：在孟子看来，尧、舜、禹、汤、周文王、周武王、周公等圣王，统一天下不是单纯靠武力，而是主要靠王道，以王道统一天下之人为王者。

[2] 名世：即后代之“命世”。

富贵不能淫[1]，贫贱不能移[2]，威武不能屈，此之谓大丈夫。

（《滕文公下》）

【注释】

[1] 淫：欲望过多。

[2] 移：改变操守。

【导读】

对于大丈夫的定义，不同人会有不同理解，有人认为那些风云人物就是大丈夫，孟子不赞同。孟子理解的大丈夫，不在其职位的高低，而在对道德理想的坚持，不管人生境遇如何，富贵也好，贫贱也好，都不会改变自己的理想，外界的强迫也不能使自己屈服。孟子理想中的大丈夫，是在任何环境中都能坚持人格理想的道德英雄。

故天将降大任于是人也，必先苦其心志，劳其筋骨，饿其体肤，空乏其身，行拂乱其所为[1]，所以动心忍性[2]，曾益其所不能[3]。

（《告子下》）

【导读】

孟子此处讨论恶劣环境与人才成长之间的关系。凡是做出伟大事业之人，没有一帆风顺的，都经过人生的磨难，没有这些磨难，人就不能成熟，能力就得不到锻炼。我们面对逆境，不要悲观失望，这可能是锻炼自己的好机会。

【注释】

[1] 拂乱：扰乱。

[2] 动心：外界环境对其内心的触动。忍性：坚守自己的道德准则。

[3] 曾（zēng）益：增加。曾：通“增”。

庄子

庄子（约前369—前289），名周，宋国蒙（今河南商丘）人，是继老子之后，战国时期道家学派的代表人物。曾作过漆园吏，生活贫穷困顿，但却鄙弃权势名利，力求在乱世中“全性保真”，追求逍遥无待的精神自由。他愤世嫉俗，但又悲观厌世，甚至认为世间的是非、美丑、大小等，只是人的认识上的对立，并非万物本来的属性，应摒弃主观是非之争，回归“万物与我为一”的境地，使心灵获得解放。庄子虽是哲学家，但又富有诗人气质，很善于用艺术形象来阐明哲理，因此《庄子》（现存三十三篇，其中《内篇》七，《外篇》十五，《杂篇》十一，研究者们多认为《内篇》为庄子自著，《外篇》为庄子后学所作）有浓厚的文学色彩，代表了先秦散文的最高成就。

逍遥游（节选）

北冥有鱼[1]，其名曰鲲。鲲之大，不知其几千里也；化而为鸟，其名为鹏。鹏之背，不知其几千里也；怒而飞[2]，其翼若垂天之云[3]。是鸟也，海运则将徙于南冥[4]。南冥者，天池也[5]。齐谐者[6]，志怪者也[7]。谐之言曰："鹏之徙于南冥也，水击三千里，抟扶摇而上者九万里[8]，去以六月息者也[9]。"野马也，尘埃也，生物之以息相吹也[10]。天之苍苍，其正色邪？其远而无所至极邪[11]？其视下也，亦若是则已矣[12]。

且夫水之积也不厚，则其负大舟也无力。覆杯水于坳堂之上[13]，则芥为之舟[14]，置杯焉则胶[15]，水浅而舟大也。风之积也不厚，则其负大翼也无力，故九万里则风斯在下矣[16]，而后乃今培风[17]；背负青天而莫之夭阏者[18]，而后乃今将图南。

蜩与学鸠笑之曰[19]："我决起而飞[20]，抢榆枋[21]，时则不至，而控于地而已矣[22]；奚以之九万里而南为？[23]"适莽苍者[24]，三飡而反[25]，腹犹果

【注释】

[1] 冥：同"溟"，指海。

[2] 怒：奋起。

[3] 垂：同"陲"，边。垂天，天边。

[4] 海运：海动。海动时，海涛汹涌，必有大风，故鹏鸟可以乘风南飞。

[5] 天池：天然形成的大池。

[6] 齐谐：书名。一说，人名。

[7] 志怪：记载怪异之事。志：记载。

[8] 抟（tuán）：环绕而上。扶摇：旋风。

[9] 息：气息。

[10] 野马三句：野马似的游气，飞扬的尘埃，都是被生物的气息吹拂着而在空中游荡。

[11] 天之三句：天上的深蓝色，究竟是天真正的颜色呢？还是由于无限高远的缘故呢？其：抑或，或许。正色：真正的颜色。邪：同"耶"。极：尽。

[12] 则已：而已。

[13] 坳（ào）堂：指厅堂地面的坑凹处。

[14] 芥：小草。

[15] 胶：粘着不能动。

[16] 斯：则，就。

[17] 而后乃今：意思是这之后方才。培：凭。

[18] 莫之夭阏（è）：即"莫夭阏之"的倒装。夭阏：阻拦。

[19] 蜩（tiáo）：蝉。学鸠：一种小灰雀，这里泛指小鸟。

[20] 决（xuè）起：迅疾飞起。

[21] 抢（qiāng）：突，冲上。

[22] 控：投下，落下。

[23] 奚以：何以。之：往。"奚以……为"，意即"为什么要……呢"。

[24] 适：往。莽苍：苍茫的郊野。

[25] 飡（cān）：同餐。反：同返，返回。

然[26]；适百里者，宿舂粮[27]；适千里者，三月聚粮。之二虫又何知[28]？小知不及大知[29]，小年不及大年[30]。奚以知其然也？朝菌不知晦朔[31]，蟪蛄不知春秋[32]，此小年也。楚之南有冥灵者[33]，以五百岁为春，五百岁为秋；上古有大椿者[34]，以八千岁为春，八千岁为秋，此大年也。而彭祖乃今以久特闻[35]，众人匹之[36]，不亦悲乎？

汤之问棘也是已[37]："穷发之北，有冥海者[38]，天池也。有鱼焉，其广数千里，未有知其修者[39]，其名为鲲。有鸟焉，其名为鹏，背若泰山，翼若垂天之云；抟扶摇羊角而上者九万里[40]，绝云气[41]，负青天，然后图南，且适南冥也。斥鴳笑之曰[42]：'彼且奚适也？我腾跃而上，不过数仞而下[43]，翱翔蓬蒿之间，此亦飞之至也[44]。而彼且奚适也？'"此小大之辩也[45]。

故夫知效一官，行比一乡，德合一君，而征一国者[46]，其自视也亦若此矣。而宋荣子犹然笑之[47]。且举世誉之而不加劝[48]，举世非之而不加沮[49]，定乎内外之分[50]，辨乎荣辱之境[51]，斯已矣。彼其于世，未数

[26] 犹：还。果然：饱饱的样子。

[27] 宿舂（chōng）粮：隔宿捣米储粮。

[28] 之：这。二虫：指上述的蜩与学鸠。

[29] 此句的两"知"字均通"智"，智慧。

[30] 年：寿命。

[31] 朝菌：一种朝生暮死的菌。晦朔：每月的第一天叫朔，最后一天叫晦。

[32] 蟪蛄：即寒蝉，春生夏死，或夏生秋死。春秋：指一年。

[33] 冥灵：传说中的大龟名。一说，大木名。

[34] 大椿：传说中的古树名。

[35] 彭祖：传说中年寿最长的人。乃今：而今。以：凭。闻：闻名。

[36] 匹：比。

[37] 汤：商汤。棘：汤时的贤大夫。已：同矣。

[38] 穷发：北方不长草木的地方。

[39] 修：长。

[40] 羊角：旋风，回旋向上如羊角状。

[41] 绝：穿越。

[42] 斥鴳（yàn）：生活在池泽中的一种小鸟。

[43] 仞：八尺，或云七尺。

[44] 至：极点。

[45] 辩：通辨，区别。

[46] 故夫四句：是说有些人才智可以胜任一官半职，品行可以团结一乡之人，德性可以投合一国之君的心意，能力可以获得全国人的信任。效：胜任。行：品行。比：合。而：通能，能力。征：取信。

[47] 宋荣子：一名宋钘，宋国人，战国时期思想家，学说近墨家。犹然：讥笑的样子。

[48] 举：全。劝：劝勉，勉励。

[49] 非：非议，责难。沮：沮丧。

[50] 内：指内心的修养。外：指待人接物。

[51] 境：界限。

数然也[52]。虽然，犹有未树也。夫列子御风而行[53]，泠然善也[54]，旬有五日而后反[55]。彼于致福者[56]，未数数然也。此虽免乎行，犹有所待者也[57]。若夫乘天地之正[58]，而御六气之辩[59]，以游无穷者，彼且恶乎待哉[60]？故曰：至人无己[61]，神人无功[62]，圣人无名[63]。

[52] 数（shuò）数然：急急忙忙的样子。

[53] 列子：郑国人，名叫列御寇，战国时期思想家。御：驾驭。相传列子得风仙之道，能乘风游行。

[54] 泠（líng）然：轻妙的样子。

[55] 旬：十天。有：同又。反：返。

[56] 致：追求。致福：指追求御风而行之福。

[57] 待：凭借，依靠。

[58] 乘：顺应。天地之正：指自然的本性。

[59] 御：驾驭，把握。六气：指阴、阳、风、雨、晦、明。辩：通“变”，指六气的变化。

[60] 恶（wū）：何，什么。这句是说，那还要依赖什么呢？

[61] 无己：去除自我中心，达到忘我的境界。

[62] 无功：不求有功。

[63] 无名：不求有名。

【导读】

所谓“逍遥”，就是悠闲自在，无拘无束。能否逍遥，与境界大小、见识高低等直接相关。所以，本文一开头便描绘了一幅鲲鹏展翅九万里的壮伟图景，让人的精神遨游于一个浩渺无际的境界中。接着，以小雀的浅见可笑进行反衬，说明“小知不及大知”，并由此引出“小年不及大年”，以进一步凸显小不及大之意。最后，再引申说到人间，层层递进地描写了境界不同的几种人，认为“知效一官”等四种人往往自鸣得意，其实坐井观天，犹如小雀，不足挂齿；宋荣子、列子，固然非同凡俗，有了点自由气象，但仍然有所凭借；只有去除自我中心，摆脱功名束缚，与天地万物浑然一体的人，才能真正达到逍遥的境界。庄子所说的“逍遥游”，虽是一种难以企及的人生自由之境，但也不乏启人心智的积极意义。一个人平时拘囿于俗世一隅之中，心灵被各种名缰利锁束缚，要想获得精神自由，谈何容易？倘若能把功名利禄看得淡一些，心中不要时时揣着一个“我”，那么也的确能活得逍遥自在一些。

荀子

荀子（？—前238？），名况，字卿，又称孙卿，赵国人。是战国时期儒家学派的代表人物之一。他主张性恶论，与孟子的性善论相反；他反对天命鬼神，强调“制天命而用之”；他主张效法当代圣明君王的言行、制度，因时制宜，与儒家前贤提倡的“法先王”相对。这些都是对儒学的革新与发展。著名的法家人物李斯和韩非子都是他的学生。他的文章论题明确，结构严谨，说理透彻，逻辑性强；善于用比喻、排比和对偶等修辞来增强说理效果，特色鲜明。今传《荀子》十二卷三十二篇，其中五篇短赋，开创了以赋为名的文学体裁；他采用歌谣体创作的《成相篇》，也对后世说唱文学有一定影响。

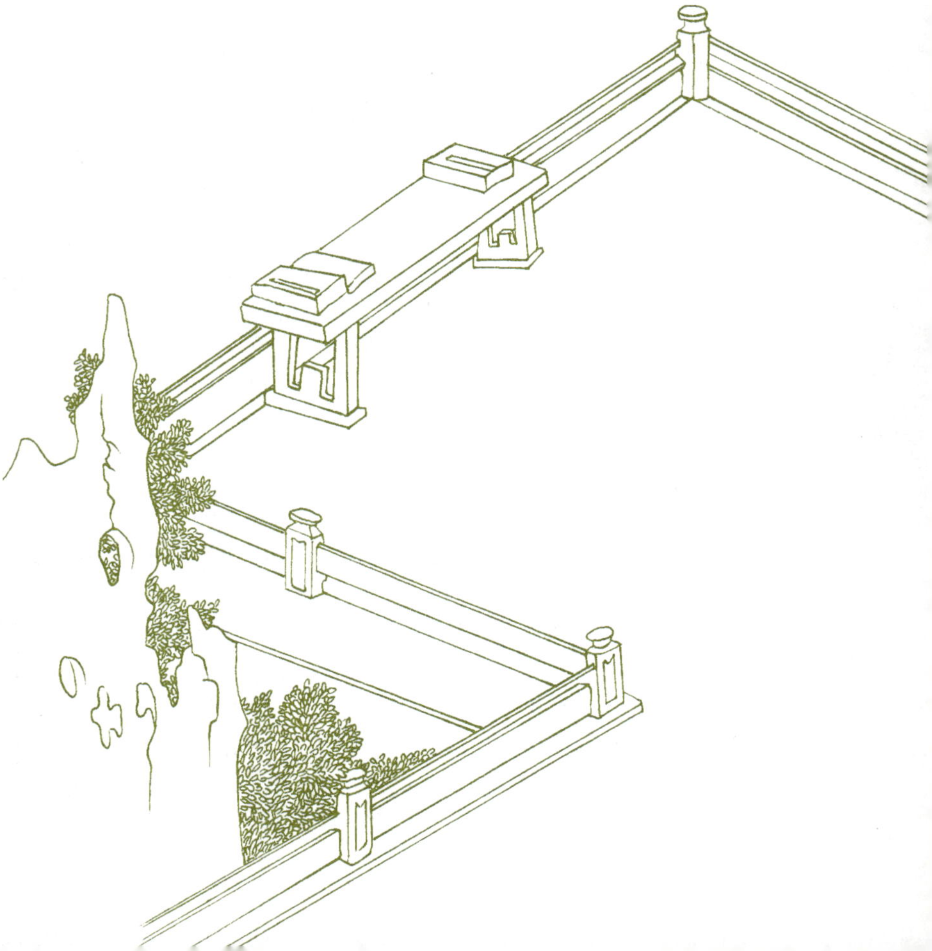

劝学（节选）

君子曰：学不可以已[1]。

青[2]，取之于蓝[3]，而青于蓝；冰，水为之，而寒于水。木直中绳[4]，輮以为轮[5]，其曲中规[6]。虽有槁暴[7]，不复挺者，輮使之然也。故木受绳则直[8]，金就砺则利[9]，君子博学而日参省乎己[10]，则知明而行无过矣[11]。

故不登高山，不知天之高也；不临深溪，不知地之厚也；不闻先王之遗言，不知学问之大也。干、越、夷、貉之子，生而同声，长而异俗，教使之然也[12]。诗曰："嗟尔君子，无恒安息。靖共尔位，好是正直。神之听之，介尔景福。"[13]神莫大于化道[14]，福莫长于无祸。

吾尝终日而思矣，不如须臾之所学也。吾尝跂而望矣[15]，不如登高之博见也。登高而招，臂非加长也，而见者远；顺风而呼，声非加疾也[16]，而闻者彰[17]。假舆马者[18]，非利足也[19]，而致千里；假舟楫者，非能水也[20]，而绝江河[21]。君子生

【注释】

[1] 已：停止。

[2] 青：靛青。

[3] 蓝：蓼蓝，一种植物，可作染料。

[4] 中（zhòng）：合于。绳：木工用的墨线。

[5] 輮（róu）：通"煣"，使木弯曲。

[6] 其曲中规：它的弯曲程度符合圆规的标准。规：木匠测圆的工具。

[7] 槁：干枯。暴（pù）：通"曝"，晒干。

[8] 受绳则直：接受墨线的矫正就会很直。

[9] 金：金属的刀类。砺：磨刀石。

[10] 参：同"三"，表示多次。省：反省，省察。

[11] 知：通"智"，智慧、见识。

[12] 干、越、夷、貉（mò）四句：吴、越、夷、貉四国所生的婴儿，初生时哭声相同，可长大后他们的习俗却不一样，这是教育使他们这样。干：指吴国。吴、越为南方之国；夷、貉，则为东部或东北部的少数民族。貉：古同"貊"。

[13] "嗟尔"六句：出自《诗经·小雅·小明》，意思说：君子啊，不要贪图安逸，应该谨慎地守好你的职位，爱好正直的贤人，神明会审察一切的，一定会赐给你大福。靖：静。共（gōng）：供。好：爱好。听：察。介：佐助。景：大。

[14] 这句是说，所谓神，没有什么比受到道的熏陶、感化更大的了。神：指通过学习修养达到一种明察一切的精神境界。

[15] 跂（qì）：提起脚后跟。

[16] 疾：大，响亮。

[17] 彰：清楚。

[18] 假（jiǎ）：借助。

[19] 利足：脚步快捷。

[20] 水：游水。

[21] 绝：渡过。

非异也[22]，善假于物也。

南方有鸟焉，名曰蒙鸠，以羽为巢，而编之以发，系之苇苕[23]，风至苕折，卵破子死。巢非不完也，所系者然也。西方有木焉，名曰射干，茎长四寸，生于高山之上，而临百仞之渊[24]，木茎非能长也，所立者然也。蓬生麻中，不扶而直；白沙在涅[25]，与之俱黑。兰槐之根是为芷，其渐之滫[26]，君子不近，庶人不服[27]。其质非不美也，所渐者然也。故君子居必择乡，游必就士[28]，所以防邪辟而近中正也[29]。

物类之起，必有所始。荣辱之来，必象其德[30]。肉腐出虫，鱼枯生蠹[31]。怠慢忘身，祸灾乃作。强自取柱[32]，柔自取束[33]。邪秽在身，怨之所构。施薪若一[34]，火就燥也；平地若一，水就湿也。草木畴生[35]，禽兽群焉，物各从其类也。是故质的张[36]，而弓矢至焉；林木茂，而斧斤至焉；树成荫，而众鸟息焉；醯酸[37]，而蜹聚焉[38]。故言有招祸也，行有招辱也，君子慎其所立乎！

积土成山，风雨兴焉；积水成渊，蛟龙生焉；积善成德，而神明自得[39]，圣心备焉[40]。故不积跬步[41]，无以至千里；不

[22] 生（xìng）：通“性”，生性，天性。

[23] 苇苕（tiáo）：芦苇穗。

[24] 仞：古代的计量单位，八尺为一仞。

[25] 涅（niè）：黑泥。

[26] 渐（jiān）：浸渍。滫（xiǔ）：臭水。

[27] 服：佩戴。

[28] 游必就士：交游必定接近贤士。

[29] 这句是说，因为要防备邪恶小人而接近正直之士的缘故。

[30] 象：通“像”，体现。

[31] 蠹（dù）：蛀虫。

[32] 柱：读作“祝”，折断。

[33] 束：束缚。

[34] 施薪若一：同样地摆放柴草。

[35] 畴：通“俦”，类。

[36] 质：箭靶。的：靶心。张：张设。

[37] 醯（xī）：醋。

[38] 蜹（ruì）：蚊虫。

[39] 神明：高度的智慧。

[40] 圣心：圣人的品德。

[41] 跬（kuǐ）步：半步。古人称迈一次脚为“跬”，迈两次脚为“步”。

积小流，无以成江海。骐骥一跃[42]，不能十步；驽马十驾[43]，功在不舍。锲而舍之[44]，朽木不折；锲而不舍，金石可镂[45]。蚓无爪牙之利，筋骨之强，上食埃土[46]，下饮黄泉[47]，用心一也。蟹六跪而二螯[48]，非蛇鳝之穴无可寄托者，用心躁[49]也。

[42] 骐骥：千里马。

[43] 驽（nú）马：劣马。驾：马拉车一日为一驾。十驾：十天的路程。

[44] 锲（qiè）：雕刻。

[45] 镂：雕刻。

[46] 埃土：尘土。

[47] 黄泉：地下的泉水。

[48] 跪：足。螯：螃蟹的钳形爪子。

[49] 躁：浮躁。

【导读】

本文旨在劝勉世人勤奋好学。全文着眼于“学”，立足于“劝”。首先阐明了学习的重要性：学习可以增长见识才能，修身养性，全身远害；其次阐明了学习的态度问题：学习应该持之以恒，专心致志。这对读者来说无疑很有启发和教育意义。在说理过程中，作者运用了丰富的类比，借事明理，深入浅出，循循善诱，娓娓动听，有效地增强了论说的艺术感染力。

《战国策》

《战国策》是一部国别体史书，作者不详，由西汉刘向编校成书。今见《战国策》依次为西周、东周、秦、齐、楚、赵、魏、韩、燕、宋、卫、中山十二国国策，共三十三篇，主要记载了从春秋到楚汉二百四十五年间谋臣策士的言论与活动，展现了一系列不同类型的“士”的形象，反映了战国时“士”阶层的崛起及其个性精神的张扬。此书虽为历史著作，但有不少想象和虚构的成分，行文铺张扬厉，气势纵横，叙事周密曲折，人物形象鲜明，有很高的文学价值。

邹忌讽齐王纳谏

邹忌修八尺有余[1]，而形貌昳丽[2]。朝服衣冠[3]，窥镜，谓其妻曰："我孰与城北徐公美[4]？"其妻曰："君美甚！徐公何能及君也？"城北徐公，齐国之美丽者也。忌不自信，而复问其妾曰："吾孰与徐公美？"妾曰："徐公何能及君也！"旦日[5]，客从外来，与坐谈，问之客曰："吾与徐公孰美？"客曰："徐公不若君之美也。"明日，徐公来，孰视之，自以为不如；窥镜而自视，又弗如远甚。暮寝而思之，曰："吾妻之美我者，私我也[6]；妾之美我者，畏我也；客之美我者，欲有求于我也。"

于是入朝见威王，曰："臣诚知不如徐公美[7]。臣之妻私臣，臣之妾畏臣，臣之客欲有求于臣，皆以美于徐公。今齐地方千里，百二十城，宫妇左右莫不私王，朝廷之臣莫不畏王，四境之内莫不有求于王：由此观之，王之蔽甚矣[8]。"

王曰："善。"乃下令："群臣吏民能面刺寡人之过者[9]，受上赏；上书谏寡人者，受中赏；能谤讥于市朝闻寡人之耳者[10]，受下赏。”令初下，群臣进谏，门庭若市；数月之后，时时而间进；期年之后[11]，虽欲言，无可进者。燕、赵、韩、魏闻之，皆朝于齐[12]。此所谓战胜于朝廷。

【导读】

一个人的容貌与别人相比，究竟是美还是不美，这既取决于自身条件，又与评论者的情感心理、动机目的以及审美观点等有关。邹忌从妻妾和客人对他所作的不切实际的谬赞中悟出了所受蒙蔽之深，并由此悟出了治国之道，用以委婉地讽劝齐威王广开言路，虚心纳谏。齐威王深受启发，激励臣民大胆进谏，不断改过从善，结果国威大振，令诸侯拜服。文章所说的道理发人深思，借事说理的方式也巧妙、风趣，引人入胜。

【注释】

[1] 修：长，此指身高。八尺：战国时一尺约合现在七寸多。

[2] 昳（yì）丽：光艳美丽。

[3] 服：穿上。

[4] 孰与：比……怎么样？

[5] 旦日：明日。

[6] 私：偏爱。

[7] 诚：确实。

[8] 蔽：受蒙蔽。

[9] 面刺：当面批评。

[10] 谤讥：批评、议论人的过失。市朝：指公共场所。市：集市。朝：朝廷。

[11] 期（jī）年：一年。

[12] 朝于齐：到齐国来朝拜。

司马迁

司马迁（前145—？），字子长，夏阳（今陕西韩城）人。出生在史官家庭，年轻时阅读了大量历史文献，遍游全国各地，探访古迹，考察风俗民情，继任太史令后，开始编撰史书。后因李陵之祸，获罪下狱，被处宫刑。出狱后任中书令，发愤著书，完成了不朽的历史巨著《史记》。《史记》是我国第一部纪传体通史，分为十二“本纪”、三十“世家”、七十“列传”、八“书”、十“表”五个部分，共五十二万余字，记述了上自传说中的黄帝、下至汉武帝时代大约三千年的历史。《史记》不仅是史学领域的一座丰碑，也是一部不朽的文学巨著，被鲁迅誉为“史家之绝唱，无韵之《离骚》”。

报任少卿书（节选）

古者富贵而名摩灭，不可胜记，唯俶傥非常之人称焉[1]。盖西伯拘而演《周易》[2]；仲尼厄而作《春秋》[3]；屈原放逐，乃赋《离骚》[4]；左丘失明，厥有《国语》[5]；孙子膑脚，《兵法》修列[6]；不韦迁蜀，世传《吕览》[7]；韩非囚秦，《说难》《孤愤》[8]；《诗》三百篇，大抵圣贤发愤之所为作也[9]。此人皆意有所郁结，不得通其道[10]，故述往事、思来者[11]。及如左丘无目，孙子断足，终不可用，退论书策，以舒其愤，思垂空文以自见[12]。

仆窃不逊[13]，近自托于无能之辞[14]，网罗天下放失旧闻[15]，考之行事，稽其成败兴坏之理[16]。上计轩辕[17]，下至于兹，为十表、本纪十二、书八章、世家三十、列传七十，凡百三十篇。亦欲以究天人之际[18]，通古今之变，成一家之言。草创未就，适会此祸，惜其不成，是以就极刑而无愠色[19]。仆诚已著此书，藏之名山，传之其人[20]，通邑大都[21]，则仆偿前辱之责[22]，虽万被戮，岂有悔哉？然此可为智者道，难为俗人言也！

【注释】

[1] 这一句意思是，只有卓越特出的人物才能扬名后世。俶（tì）傥：才气豪迈，不受拘束。俶：同“倜”。

[2] 拘：囚禁。周文王曾被囚禁在羑里，推演古代的八卦为六十四卦。演：推演。

[3] 厄：困厄。孔子因遭遇困厄，不得志而作《春秋》。

[4] 赋：创作。

[5] 厥：乃，于是。

[6] 膑（bìn）：古代一种剔掉膝盖骨的酷刑。修列：编撰。孙膑本来是魏将，因庞涓陷害遭受膑刑，逃到齐国，做了军师，编撰了《孙膑兵法》。

[7] 不韦：吕不韦，秦庄襄王丞相。秦王政即位，尊其为相国，后因罪被免职，奉命迁徙蜀地，不韦忧惧自杀。《吕览》即《吕氏春秋》，是吕不韦做丞相时募集宾客编写的。

[8] 韩非囚秦两句：韩非被秦国囚禁，于是写了《说难》《孤愤》二文。韩非本来是韩国公子，后入秦，遭李斯陷害，下狱被杀。

[9] 发愤：抒发忧愤。

[10] 不得通其道：意即理想、抱负不得实现。

[11] 思来者：想让后来的人了解自己的思想、怀抱。

[12] 思垂句：想使文章流传后世，借以表现自己的志向。

[13] 仆：我。窃：私下，私自。不逊：不自量力。

[14] 近自句：近来我凭借笨拙的文辞。

[15] 放失（yì）：散落、流失。失：同“佚”，散失。

[16] 稽其句：考察历史上成败兴衰的道理。稽：考察。

[17] 轩辕：黄帝。

[18] 亦欲句：也是想探究自然与人事之间的关系。

[19] 极刑：污辱到顶之刑，这里指宫刑。愠：怨恨。

[20] 传之其人：把《史记》传给与自己志同道合的人。

[21] 通邑大都：四通八达的都会、城市。

[22] 责（zhài）：同“债”。

【导读】

司马迁因为仗义执言，惨遭宫刑，身心蒙受巨大戕害，但他并未自暴自弃，而是从前贤受辱发愤、著书扬名的卓异举措中汲取了强大的精神动力，在极其困厄的逆境中以超常的毅力和学识写成了一部彪炳千秋的史学巨著《史记》。诵读此文，让人感受到一股发愤图强、百折不挠的气势和力量，因此能给身处逆境中的人们以极大的精神鼓舞。

《礼记》

西汉人戴德把战国到西汉时期形成的儒家关于礼的论述收集在一起，编辑为《礼记》，共八十一篇，被称为“大戴礼记”。后来其侄子戴圣重新编辑，选择其中四十九篇，同样命名为《礼记》，被称为“小戴礼记”。戴德所编的“大戴礼记”未能完整流传下来，我们平常所说的《礼记》指戴圣所编的“小戴礼记”，与《周礼》、《仪礼》合称为“三礼”。

礼运

大道之行也，天下为公。选贤与能，讲信修睦。故人不独亲其亲[1]，不独子其子，使老有所终，壮有所用，幼有所长，矜、寡、孤、独、废疾者皆有所养[2]，男有分[3]，女有归[4]。货，恶其弃于地也，不必藏于己；力，恶其不出于身也，不必为己。是故谋闭而不兴[5]，盗窃乱贼而不作，故外户而不闭[6]，是谓大同。

【注释】

[1] 第一个“亲”：指把父母当父母看待，有孝敬之意；下句第一个“子”可理解为抚育。

[2] 矜：同“鳏”，老而无妻之人。独：老而无子之人。

[3] 分：职业。

[4] 归：归宿，指女子出嫁。

[5] 闭：结束。

[6] 外户：敞开门。

【导读】

《礼运》篇记录孔子与弟子子游的对话，主要是讨论礼的变迁。孔子认为，人类历史上曾经存在过理想的社会状态，他谓之“大同”。这时的人们超越个人和家庭的私利，对待他人就像对待自己的亲人一样，政治上选举贤能之人，而非在某一家族内部继承。各个年龄段的人都能得到符合实际的安排，弱势群体也能得到照顾，人人努力为社会做贡献，不互相欺诈，不互相伤害。这可能是对国家出现以前部落联盟时期的遥远记忆和美化，但为后人改造社会提供了愿景。

《大学》

《大学》原本只是《礼记》中的一篇。从唐代后期开始,《大学》和《礼记》中的另外一篇《中庸》逐渐受到儒者的重视。北宋理学家程颢、程颐对《大学》格外推崇，南宋理学家朱熹则将《大学》《中庸》与《论语》《孟子》合称“四书”，并撰写了《四书章句集注》，之后《四书章句集注》成为士人的必读书，对中国的政治、哲学、思想、文化等产生了深远的影响。

《大学》（节选）

大学之道[1]，在明明德[2]，在亲民[3]，在止于至善[4]。知止而后有定[5]，定而后能静，静而后能安，安而后能虑[6]，虑而后能得。物有本末，事有终始，知所先后，则近道矣。古之欲明明德于天下者，先治其国；欲治其国者，先齐其家[7]；欲齐其家者，先修其身；欲修其身者，先正其心；欲正其心者，先诚其意；欲诚其意者，先致其知[8]；致知在格物[9]。物格而后知至，知至而后意诚，意诚而后心正，心正而后身修，身修而后家齐，家齐而后国治，国治而后天下平。自天子以至于庶人[10]，壹是皆以修身为本[11]。其本乱而末治者，否矣。其所厚者薄，而其所薄者厚[12]，未之有也！此谓知本，此谓知之至也。

【注释】

[1] 大学：相对于小学而言的“大人之学”。古人八岁入小学，学习一些文化基础知识与礼节，十五岁入大学，学习“穷理正心，修己治人”的学问。

[2] 明明德：前一个“明”是动词，即彰显；后一个“明”是形容词。明德，即光明正大的品德。

[3] 亲（xīn）民：使人弃旧图新。亲：新。

[4] 至善：最完善的境界。

[5] 知止：知道目的地。定：坚定。

[6] 虑：思考。

[7] 齐其家：治理好自己的家庭或家族。

[8] 致其知：使自己获得知识。

[9] 格物：推究事物的原理。

[10] 庶人：平民。

[11] 壹是：都是。本：根本。

[12] 其所厚者薄两句：当重视的不重视，不当重视的反而重视。

【导读】

本文为《大学》的第一章，集中阐述了儒家的求学之道，是有志之士用以自励并为之奋斗的修身阶梯和人生目标。儒家教育的宗旨，是弘扬高尚的品德，使人弃旧向新，实现道德的自我完善。要实现这一宗旨，需探究事物，获取真知，使自己心正意诚，然后沿着修、齐、治、平的道路来实现个人的价值。这是一种由己及人、由内及外、由小到大、由个体到群体的修养方法。它凝聚了儒家学派关于人生与社会、道德与政治等问题的思想精髓，表达了完善自我进而改造社会的强烈愿望，鲜明地体现了儒家学派“内圣外王”的人格理想。

诸葛亮

诸葛亮（181—234），字孔明，琅玡阳都（今山东临沂市沂南县）人。汉末避乱，隐居于南阳（今湖北襄阳一带）隆中。后出山辅佐刘备，联吴抗曹，建立蜀汉政权。刘备病逝，他受遗命，辅佐刘禅，曾六次北伐中原，终因积劳成疾，病逝于五丈原。他是三国时期杰出的政治家和军事家，其功业品德深为后人景仰，其散文情辞朴挚，周密流畅。有《诸葛亮集》。

前出师表

先帝创业未半，而中道崩殂[1]，今天下三分，益州疲敝[2]，此诚危急存亡之秋也[3]。然侍卫之臣不懈于内，忠志之士忘身于外者，盖追先帝之殊遇[4]，欲报之于陛下也。诚宜开张圣听[5]，以光先帝遗德[6]，恢弘志士之气[7]；不宜妄自菲薄[8]，引喻失义[9]，以塞忠谏之路也。

宫中府中，俱为一体，陟罚臧否[10]，不宜异同。若有作奸犯科[11]及为忠善者，宜付有司论其刑赏[12]，以昭陛下平明之理[13]；不宜偏私，使内外异法也。

侍中、侍郎郭攸之、费祎、董允等，此皆良实，志虑忠纯，是以先帝简拔以遗陛下[14]。愚以为宫中之事，事无大小，悉以咨之，然后施行，必能裨补阙漏，有所广益。

将军向宠，性行淑均[15]，晓畅军事，试用于昔日，先帝称之曰能，是以众议举宠为督。愚以为营中之事，悉以咨之，必能使行阵和睦，优劣得所。

亲贤臣，远小人，此先汉所以兴隆也；亲小人，远贤臣，此后汉所以倾颓也[16]。

【注释】

[1] 崩殂（cú）：指皇帝去世。

[2] 疲敝：困苦、穷乏。

[3] 诚：实在。秋：时刻。

[4] 追：追念。殊遇：特殊的礼遇。

[5] 开张圣听：广泛听取群臣意见。

[6] 光：光大。

[7] 恢弘：发扬，振奋。

[8] 妄自菲薄：自己看轻自己。

[9] 引喻失义：说话不合道理。引喻：称引、比喻。

[10] 陟：升。臧：善。否（pǐ）：恶。陟罚指升降官吏，臧否指评论人物。

[11] 作奸犯科：为非作歹、触犯法律。

[12] 有司：有专职的官吏。

[13] 平明之理：公正、贤明的治理。

[14] 简拔：选拔。遗（wèi）：留给。

[15] 淑均：和善、公平。

[16] 倾颓：倾覆、衰败。

先帝在时，每与臣论此事，未尝不叹息痛恨于桓、灵也[17]。侍中、尚书、长史、参军，此悉贞良死节之臣[18]，愿陛下亲之信之，则汉室之隆，可计日而待也。

臣本布衣，躬耕于南阳，苟全性命于乱世，不求闻达于诸侯[19]。先帝不以臣卑鄙[20]，猥自枉屈[21]，三顾臣于草庐之中，咨臣以当世之事。由是感激，遂许先帝以驱驰[22]。后值倾覆，受任于败军之际，奉命于危难之间，尔来二十有一年矣[23]！

先帝知臣谨慎，故临崩寄臣以大事也[24]。受命以来，夙夜忧叹[25]，恐托付不效[26]，以伤先帝之明。故五月渡泸[27]，深入不毛[28]。今南方已定，兵甲已足，当奖率三军，北定中原，庶竭驽钝[29]，攘除奸凶[30]，兴复汉室，还于旧都。此臣之所以报先帝而忠陛下之职分也。至于斟酌损益，进尽忠言，则攸之、祎、允之任也。

愿陛下托臣以讨贼兴复之效；不效，则治臣之罪，以告先帝之灵。若无兴德之言[31]，则责攸之、祎、允等之慢[32]，以彰其咎。陛下亦宜自谋，以咨诹善道[33]，察纳雅言[34]，深追先帝遗诏[35]，臣不胜受恩感激。

今当远离，临表涕零，不知所言。

[17] 痛恨：痛心、遗憾。桓、灵：东汉桓帝、灵帝，因为宠信宦官，政治腐败，加速了东汉朝政的灭亡。

[18] 悉：都是。

[19] 闻达：闻名显达。

[20] 卑鄙：身份低微、见识鄙陋。

[21] 猥（wěi）自枉（wǎng）屈：不惜降低自己的身份。猥：谦辞，犹言“辱”。

[22] 驱驰：奔走效劳。

[23] 尔来：从那时以来。有（yòu）：通“又”。

[24] 临崩：临死。

[25] 夙夜：日夜。

[26] 不效：不奏效。

[27] 泸：泸水，即今金沙江。

[28] 不毛：不长草木、五谷的地方。

[29] 驽钝：自谦才能平庸。驽：劣马。钝：刀刃不锋利。

[30] 攘（rǎng）除：排除。

[31] 兴德：发扬圣德。

[32] 慢：怠慢，疏忽。

[33] 咨诹（zōu）：询问。

[34] 察纳雅言：明察并采纳正确的言论。雅言：正言。

[35] 追：追念。

【导读】

诸葛亮为实现刘备的遗愿，以“兴复汉室”为己任，南征北伐，鞠躬尽瘁。他在公元227年率军北伐之际，上表给刘禅，反复叮嘱刘要开张圣听，赏罚分明，尤其是要“亲贤臣，远小人”；他还以匡扶蜀汉、不遗余力的一片赤诚来感发、激励刘禅，情辞恳切，感人至深。清人浦起龙在《古文眉诠》中曾说，阅读此表，不仅能让人领略诸葛亮的“圣贤气象”，而且时时感到一种“骨肉恩情”，就好像一个老家人出外，叮咛幼主人，句句都是“声泪兼并”。

王羲之

王羲之（321—379），字逸少，东晋琅玡临沂（今山东临沂）人。晋室南渡，定居会稽山阴（今浙江绍兴）。出身世族，官至右军将军、会稽内史，世称“王右军”。他是中国历史上著名的书法家，精通各体，尤以行书见长，被尊为“书圣”。在文学上也有一定的造诣，其文章疏朗简净，韵味悠长，富有哲理。

兰亭集序

永和九年[1]，岁在癸丑[2]，暮春之初[3]，会于会稽山阴之兰亭[4]，修禊事也[5]。群贤毕至，少长咸集。此地有崇山峻岭，茂林修竹，又有清流激湍，映带左右[6]，引以为流觞曲水[7]，列坐其次[8]。虽无丝竹管弦之盛，一觞一咏，亦足以畅叙幽情。

是日也，天朗气清，惠风和畅。仰观宇宙之大，俯察品类之盛[9]，所以游目骋怀[10]，足以极视听之娱[11]，信可乐也[12]。

夫人之相与[13]，俯仰一世[14]。或取诸怀抱，晤言一室之内[15]；或因寄所托，放浪形骸之外[16]。虽趣舍万殊[17]，静躁不同，当其欣于所遇，暂得于己，快然自足，曾不知老之将至[18]；及其所之既倦[19]，情随事迁，感慨系之矣。向之所欣，俯仰之间，已为陈迹，犹不能不以之兴怀，况修短随化，终期于尽[20]！古人云：“死生亦大

【注释】

[1] 永和九年：公元353年。永和：东晋穆宗年号。

[2] 癸丑：古人以天干地支相配纪年，永和九年正当癸丑。

[3] 暮春：指农历三月。

[4] 会（kuài）稽：郡名，包括今浙江西部、江苏东南部一带地方。山阴：今浙江绍兴市。

[5] 修禊（xì）：古人于农历三月上旬巳日到水边洗濯以祓除不祥，称为修禊。

[6] 映带：景物互相衬托。

[7] 流觞（shāng）曲水：酒杯随水宛曲流动，停在谁处，谁就饮酒。觞：酒杯。

[8] 次：旁边，这里指水边。

[9] 品类：指万物。

[10] 游目骋怀：纵目观望，舒展胸怀。

[11] 极视听之娱：尽情享受目睹耳闻的乐趣。极：尽。

[12] 信：实在。

[13] 相与：相互交往。

[14] 俯仰：抬头低头，比喻时间短暂。

[15] 或取两句：有的人(喜欢和朋友)倾吐胸怀，交谈于一室之中。晤（wù）：会面。

[16] 或因两句：有的人寄情于外物，言行放纵，不拘形迹。形骸：形体。

[17] 趣（qǔ）舍：取舍。趣：同“取”。

[18] 曾：乃，竟。

[19] 所之：所追求的。

[20] 况修短两句：何况生命长短任凭造化，终究有尽期。修：长。期：期限。

矣！”岂不痛哉！

每览昔人兴感之由，若合一契[21]，未尝不临文嗟悼[22]，不能喻之于怀。固知一死生为虚诞，齐彭殇为妄作[23]。后之视今，亦犹今之视昔，悲夫！故列叙时人，录其所述。虽世殊事异，所以兴怀，其致一也[24]。后之览者，亦将有感于斯文。

[21] 契（qì）：符节、凭证、字据等信物。古代契分为左右两半，双方各执其一，用时将两半合对，以为凭信。

[22] 临文嗟悼：面对文章，叹息、悲伤。

[23] 固知两句：我当然知道把死和生看作一样，是虚妄无稽的；把长寿与短命等同，也是矫妄做作的。一：把……看作一样。彭：彭祖，传说他活了八百岁。殇：未成年而死。

[24] 致：兴致。

【导读】

据《晋书》等所载，永和九年三月三日，当时名士孙绰、谢安、孙统、许询、支遁等四十一人，在会稽山阴的兰亭举行了一次规模盛大的文人聚会。面对暮春三月的优美风景，有二十六人即席赋诗，各抒情怀，结集后由王羲之冠以序文，即《兰亭集序》。斗转星移，这些诗作大多失传，而为这些诗所作的序文却成了千古绝唱。该序文虽然只有寥寥三百余字，但却以清新隽永的笔调描写了兰亭景色的清峻幽美，并由良辰美景之乐自然引发出对盛事不常、人生短暂的无限喟叹，字里行间流露出对自然、对生命的深沉眷恋与执著之情。序文集记事、写景、抒情于一体，如风行水上，自然成文。

韩愈

师说

古之学者必有师。师者，所以传道受业解惑也[1]。人非生而知之者，孰能无惑[2]？惑而不从师，其为惑也，终不解矣。生乎吾前，其闻道也固先乎吾[3]，吾从而师之；生乎吾后，其闻道也亦先乎吾，吾从而师之。吾师道也，夫庸知其年之先后生于吾乎[4]？是故无贵无贱，无长无少，道之所存，师之所存也。

嗟乎！师道之不传也久矣！欲人之无惑也难矣！古之圣人，其出人也远矣[5]，犹且从师而问焉；今之众人，其下圣人也亦远矣，而耻学于师。是故圣益圣，愚益愚。圣人之所以为圣，愚人之所以为愚，其皆出于此乎？爱其子，择师而教之；于其身也，则耻师焉，惑矣[6]。彼童子之师，授之书而习其句读者[7]，非吾所谓传其道解其惑者也。句读之不知，惑之不解，或师焉，或不焉，小学而大遗[8]，吾未见其明也。巫医、乐师、百工之人[9]，不耻相师。士大夫之族，曰师曰弟子云者，则群聚而笑之。问之，则曰：“彼与彼年相若也，道相似也。位卑则足羞，官盛则近谀[10]。”呜呼！师道之不复可知矣。巫医、乐师、百工之人，君子不齿[11]，今其智乃反不能及，其可怪也欤！

圣人无常师。孔子师郯子、苌弘、师襄、老聃[12]。郯子之徒，其贤不及孔子。孔子曰：“三人行，则必有我师。”是故弟子不必不如师，师不必贤于弟子，闻道有先后，术业有专攻[13]，如是而已。

李氏子蟠，年十七，好古文，六艺经传皆通习之[14]，不拘于时，学于余。余嘉其能行古道，作《师说》以贻之[15]。

【导读】

这是韩愈写给他的学生李蟠的一篇说理文。文章批判了当时耻于从师、不能尊师重道的不良社会风气，明确指出：任何人都不是一生下来就无所不知的，因而任何人都需要从师学习；师是传道、授业、解惑的人，因而只要能够传道、授业、解惑，任何人都可以为师；学生不一定不如老师，老师也不一定就比学生贤能，只不过懂得道理有先有后，学术、技能各有专长罢了。这些观点不仅在当时有扭转世风的积极意义，对后人也有深刻的启迪和教育作用。

【注释】

[1] 传道：这里指传授儒家的思想学说。受业：教授艺业。受：通“授”。解惑：解答学习“道”“业”时产生的疑惑。

[2] 孰：谁。

[3] 固：本来。

[4] 庸知：哪里去计较。

[5] 出人：超出一般人。

[6] 惑：糊涂。

[7] 句读（dòu）：文中的休止与停顿。读：通“逗”。习其句读：指学习断句、顿逗。

[8] 小学而大遗：学习小的而忽略大的。

[9] 巫医：神巫与医生。神巫祈福，医生治病，因此古时巫医往往不分。乐师：以音为乐职业的人。百工：各种工匠。

[10] 位卑两句：拜地位低的人为师，足以让人羞愧；拜地位高的人为师，又像是在阿谀奉承。

[11] 不齿：不屑同列，表示鄙视。

[12] 郯（tán）子：春秋末年郯国国君，孔子曾向他请教上古少昊氏“以鸟名为官”之事。苌（cháng）弘：东周大夫，孔子曾向他请教音乐方面的问题。师襄：鲁国乐官，孔子曾向他学琴。老聃（dān）：老子，曾任周史官，孔子向他询问周礼。

[13] 术业：技艺学业。

[14] 六艺：即六经，指《诗》《书》《礼》《易》《乐》《春秋》。经：指经书的原文。传：指注释六经的著作。

[15] 嘉：赞赏。贻（yí）：赠送。

柳宗元

柳宗元（773—819），字子厚，河东解（今山西运城解州镇）人，世称“柳河东”。唐德宗贞元九年（793）进士。先后任秘书省校书郎、集贤殿正字、蓝田县尉、监察御史。顺宗永贞元年（805），任礼部员外郎，参加王叔文等进行的革新运动。革新失败后，被贬邵州刺史，赴任途中，再贬永州司马。宪宗元和十年（815），改贬柳州刺史，故又称“柳柳州”。元和十四年（819）卒于任所。柳宗元是唐代古文运动的积极倡导者，主张文章要有教化功能，同时重视文采和文章的艺术性。其散文创作形式多样，各体兼备，尤以寓言、传记、山水游记最为出色。有《河东先生集》三十卷。

小石潭记

从小丘西行百二十步，隔篁竹[1]，闻水声，如鸣珮环，心乐之。伐竹取道，下见小潭，水尤清冽。全石以为底，近岸，卷石底以出，为坻，为屿，为嵁，为岩[2]。青树翠蔓，蒙络摇缀，参差披拂[3]。

潭中鱼可百许头[4]，皆若空游无所依。日光下澈，影布石上，佁然不动；俶尔远逝[5]，往来翕忽[6]，似与游者相乐。

潭西南而望，斗折蛇行[7]，明灭可见[8]。其岸势犬牙差互[9]，不可知其源。

坐潭上，四面竹树环合，寂寥无人，凄神寒骨，悄怆幽邃[10]。以其境过清，不可久居，乃记之而去。

同游者：吴武陵、龚古、余弟宗玄[11]。隶而从者，崔氏二小生[12]：曰恕己，曰奉壹。

【导读】

柳宗元被贬为永州期间，常常不惮幽远，探山访水，搜奇揽胜，借以排遣内心的孤寂、郁愤，并用清雅之笔写下了八篇游记，即《永州八记》。本篇为第四篇。小石潭本为无人问津的荒僻之地，可是在作者心目中却别有一番清奇幽美的风采神韵。文章由水声淙淙写起，可谓先声夺人，引人入胜。接着，重点写小石潭之“清”：潭水清冽，潭石清奇，竹木青翠，参差披拂，已足见环境之清幽；而潭中游鱼，历历可数，游来游去，怡然自得，更可见潭水之空明清澈；最后，望水源，坐潭上，整体感受，就是“其境过清”。这种“清”，无处不在，沁人心脾，浸入骨髓，让人深感凄寂、孤寒，觉得“不可久居”。这样，作者在写景之中便隐约地透露出贬官一隅、落寞孤凄的悲凉心境。全文写景状物，栩栩如生，清隽灵动，耐人寻味，是一篇不可多得的游记佳作。

【注释】

［1］ 篁（huáng）竹：竹林。

［2］ 为坻（chí），为屿，为嵁（kān），为岩：成为坻、屿、嵁、岩各种不同的形状。坻：水中高地。屿：小岛。嵁：高低不平的岩石。

［3］ 蒙络两句：（树枝藤蔓）遮掩缠绕，摇动下垂，参差不齐，随风飘拂。

［4］ 可百许头：大约有一百来条。可：大约。

［5］ 俶（chù）尔远逝：忽然间向远处游去了。俶尔：忽然。

［6］ 往来翕（xī）忽：来来往往轻快敏捷。翕忽：轻快敏捷的样子。

［7］ 斗折蛇行：形容小溪像北斗七星的排列那样曲折，像游蛇那样蜿蜒。

［8］ 明灭可见：时而看得见，时而看不见。

［9］ 犬牙差（cī）互：像狗牙一样交相错杂。

［10］ 凄神两句：使人感到心情凄凉，寒气透骨，幽静深远，使人感到忧伤。邃：深。悄怆（chuàng）：忧愁悲伤。

［11］ 吴武陵：作者的朋友，元和初年进士，当时也贬谪在永州。龚古：作者的朋友。宗玄：作者的堂弟。

［12］ 隶而两句：跟着我一同去的，有姓崔的两个年轻人。隶：随从。崔氏：指柳宗元姐夫崔简。

范仲淹

岳阳楼记

庆历四年春，滕子京谪守巴陵郡[1]。越明年，政通人和，百废具兴。乃重修岳阳楼，增其旧制[2]，刻唐贤今人诗赋于其上。属予作文以记之[3]。

予观夫巴陵胜状[4]，在洞庭一湖。衔远山，吞长江，浩浩汤汤[5]，横无际涯；朝晖夕阴，气象万千。此则岳阳楼之大观也[6]，前人之述备矣。然则北通巫峡[7]，南极潇湘[8]，迁客骚人[9]，多会于此，览物之情，得无异乎？

若夫霪雨霏霏[10]，连月不开，阴风怒号，浊浪排空；日星隐曜，山岳潜形；商旅不行，樯倾楫摧[11]；薄暮冥冥，虎啸猿啼。登斯楼也，则有去国怀乡[12]，忧谗畏讥，满目萧然，感极而悲者矣。

至若春和景明[13]，波澜不惊，上下天光，一碧万顷；沙鸥翔集[14]，锦鳞游泳[15]，岸芷汀兰[16]，郁郁青青。而或长烟一空，皓月千里，浮光跃金[17]，静影沉璧[18]，渔歌互答，此乐何极！登斯楼也，则有心旷神怡，宠辱偕忘[19]，把酒临风，其喜洋洋者矣。

嗟夫！予尝求古仁人之心，或异二者之为[20]，何哉？不以物喜[21]，不以己悲，居庙堂之高则忧其民[22]，处江湖之远则忧其君[23]。是进亦忧，退亦忧。然则何时而乐耶？其必曰：先天下之忧而忧，后天下之乐而乐乎。噫！微斯人[24]，吾谁与归？

时六年九月十五日。

【注释】

［1］ 滕子京：名宗谅，字子京，原任庆州知州，被人诬告，于庆历四年（1044），贬知岳州。巴陵郡：即岳州。

［2］ 增其旧制：扩大它原来的规模。

［3］ 属（zhǔ）：同“嘱”。

［4］ 胜状：胜境，佳境。

［5］ 浩浩汤（shāng）汤：水势浩大貌。

［6］ 大观：雄伟壮观的景象。

［7］ 巫峡：长江三峡之一，在湖北巴东县西南。

［8］ 潇湘：潇水、湘江，两水合流后流入洞庭湖。

［9］ 迁客：被贬谪的官员。骚人：诗人。因为屈原作《离骚》，后人也称诗人为骚人。

［10］ 霪（yín）雨：久雨。

［11］ 樯倾楫摧：指船被风浪打翻、摧毁。樯：桅杆。楫：船桨。

［12］ 去国：离开国都。

［13］ 至若：连词，表示另提一事。景：日光。

［14］ 翔集：时而飞翔，时而停歇。

［15］ 锦鳞：鱼的美称。

［16］ 岸芷汀兰：岸边的香草，水边的兰花。

［17］ 浮光跃金：月光映照水波，金光闪烁。

［18］ 静影沉璧：静静的月影像沉入水中的玉璧。

［19］ 偕：一起，一并。

［20］ 异二者之为：或许不同于（以上）两种心情。

［21］ 以：因为。

［22］ 居庙堂之高：指在朝廷中做官。庙堂：指朝廷。

［23］ 处（chǔ）江湖之远：处在僻远的江湖间，意思是不在朝廷做官。

［24］ 微斯人，吾谁与归：（如果）没有这种人，我同谁一道呢？微：非。斯人：这样的人。

【导读】

中国古代知识分子有一个可贵的传统，就是“以天下为己任”。范仲淹的这篇文章就抒发了一种“先天下之忧而忧，后天下之乐而乐”的胸襟和志向，它强有力地激发了当时及后世人们的社会责任感和历史使命感，故而成为传诵千古的名篇。文章即景生情，通过不同景观、不同心境的对比，抒写了“不以物喜，不以己悲”，唯忧国事的宽广胸襟，洞庭湖的壮美景象与作者的理想豪情相映生辉，极富艺术感染力。

王安石

游褒禅山记

褒禅山亦谓之华山，唐浮图慧褒始舍于其址[1]，而卒葬之[2]；以故其后名之曰“褒禅”。今所谓慧空禅院者，褒之庐冢也[3]。距其院东五里，所谓华山洞者，以其乃华山之阳名之也[4]。距洞百余步，有碑仆道[5]，其文漫灭[6]，独其为文犹可识曰“花山”。今言“华”如“华实”之“华”者，盖音谬也[7]。

其下平旷，有泉侧出，而记游者甚众，所谓前洞也。由山以上五六里，有穴窈然[8]，入之甚寒，问其深，则其好游者不能穷也[9]，谓之后洞。余与四人拥火以入[10]，入之愈深，其进愈难，而其见愈奇。有怠而欲出者[11]，曰：“不出，火且尽。”[12]遂与之俱出。盖余所至，比好游者尚不能十一[13]，然视其左右，来而记之者已少。盖其又深，则其至又加少矣。方是时[14]，予之力尚足以入，火尚足以明也。既其出[15]，则或咎其欲出者[16]，而余亦悔其随之，而不得极夫游之乐也[17]。

【注释】

［1］浮图：梵语音译，也写作“浮屠”或“佛图”，本意是佛或佛徒，这里指僧人。慧褒：唐代高僧。舍：筑舍居住。址：指山脚。

［2］卒：终，最后。

［3］庐冢（zhǒng）：墓旁屋舍。

［4］华山之阳：华山的南面。古人称山南为“阳”，山北为“阴”。

［5］仆道：倒在路旁。

［6］其文漫灭：碑文因受磨损、侵蚀而模糊不清。

［7］盖：大概。音谬：读音错误。汉字最初只有“华（huā）”字，没有“花”字，后来有了“花”字，“华”“花”分家，“华”才读为huá。王安石认为碑文上的“花”是按照“华”的古音而写的今字，仍应读huā，而不应读“华实”的“华（huá）”。

［8］窈然：幽深的样子。

［9］问：探究。穷：走到尽头。

［10］拥火：拿着火把。

［11］怠：懈怠。

［12］且：副词，将，将要。

［13］不能十一：不及十分之一。

［14］方是时：当决定从洞中退出时。

［15］既其出：已经出洞。

［16］或：有人。咎：责怪。其：那，那些。

［17］极：尽。这句是说不能尽兴游乐。

于是予有叹焉：古人之观于天地、山川、草木、虫鱼、鸟兽，往往有得，以其求思之深而无不在也[18]。夫夷以近[19]，则游者众；险以远，则至者少。而世之奇伟、瑰怪、非常之观，常在于险远，而人之所罕至焉，故非有志者不能至也。有志矣，不随以止也[20]，然力不足者，亦不能至也。有志与力而又不随以怠，至于幽暗昏惑而无物以相之[21]，亦不能至也。然力足以至焉，于人为可讥，而在己为有悔；尽吾志也而不能至者，可以无悔矣，其孰能讥之乎？此余之所得也！

余于仆碑，又以悲夫古书之不存，后世之谬其传而莫能名者[22]，何可胜道也哉[23]！此所以学者不可以不深思而慎取之也。

四人者：庐陵萧君圭君玉[24]，长乐王回深父[25]，余弟安国平父、安上纯父[26]。至和元年七月某日[27]，临川王某记。

[18] 以：因为。求思：探求、思索。无不在：无所不在。

[19] 夷：平坦。

[20] 不随以止：不随别人而停止。

[21] 幽暗昏惑：幽深昏暗，令人迷惑。相：辅助。

[22] 谬其传：以讹传讹。名：说出，指识其本名。

[23] 何可胜道：那能说得完。胜：尽。

[24] 庐陵：现在江西吉安。萧君圭君玉：萧君圭，字君玉。

[25] 长乐：现在福建长乐。王回深父：王回，字深父。

[26] 安国：王安国，字平父。安上：王安上，字纯父。

[27] 至和元年：公元1054年。至和为宋仁宗年号。

【导读】

本文虽名为游记，但重点却不在于写褒禅山的景致，而是写作者在游览过程中的心得与体会。作者在探洞时发现“入之愈深，其进愈难，而其见愈奇”，游历者也越来越少，这使他产生了“世之奇伟、瑰怪、非常之观，常在于险远，而人之所罕至”的感悟与喟叹。可是，自己却在“力尚足以入，火尚足以明”的情况下，随人畏难而退，未能尽赏山洞奇景，这又使他追悔莫及，并进一步认识到一个人必须有探险的志向、实力和可资凭借的外在条件，才能看到“奇伟、瑰怪、非常之观”。显然，这些感悟对后人是有深刻的启迪意义的。

欧阳修

五代史伶官传序[1]

呜呼！盛衰之理[2]，虽曰天命，岂非人事哉[3]！原庄宗之所以得天下[4]，与其所以失之者，可以知之矣。

世言晋王之将终也[5]，以三矢赐庄宗而告之曰："梁，吾仇也[6]；燕王，吾所立[7]，契丹与吾约为兄弟[8]，而皆背晋以归梁。此三者，吾遗恨也。与尔三矢，尔其无忘乃父之志[9]！"庄宗受而藏之于庙。其后用兵，则遣从事以一少牢告庙[10]，请其矢，盛以锦囊，负而前驱[11]，及凯旋而纳之[12]。

方其系燕父子以组[13]，函梁君臣之首[14]，入于太庙，还矢先王，而告以成功，其意气之盛，可谓壮哉！及仇雠已灭[15]，天下已定，一夫夜呼，乱者四应[16]，苍皇东出，未及见贼，而士卒离散[17]，君臣相顾，不知所归；至于誓天断发，泣下沾襟[18]，何其衰也！岂得之难而失之易欤？抑本其成败之迹，而皆自于人欤[19]？《书》曰：

【注释】

[1] 本文是欧阳修所著《五代史记》中《伶官传》的序文。

[2] 理：原由。

[3] 人事：人的作为。

[4] 原：推究。

[5] 晋王：李存勖的父亲李克用。

[6] 梁：后梁太祖朱温。

[7] 燕王：指唐末卢龙节度使刘仁恭。

[8] 契丹：北方少数民族。李克用曾与契丹首领耶律阿保机结为兄弟，共商举兵攻梁，不久阿保机背弃盟约，反而与朱温通好，一起攻打李克用。

[9] 尔：你。乃：你的。

[10] 从事：经办具体事务的人。一少牢：古时祭祀时用羊、猪各一头作祭品，称"一少牢"。

[11] 负：背着。

[12] 纳：放回。

[13] 方：当。系：捆缚。组：指绳索。

[14] 函：木匣。这里用作动词，用木匣装。

[15] 仇雠（chóu）：仇敌。

[16] "一夫"二句：公元926年，贝州军士皇甫晖发动兵变，攻入邺都，邢州、沧州等地驻军相继兵变，成德军节度使李嗣源奉李存勖之命平乱，却也叛变称帝，反攻洛阳。

[17] "苍皇"二句：李存勖闻变，匆忙率军从洛阳向大梁进发，至万胜镇，闻李嗣源已占据大梁，引兵折回洛阳，所率二万余官兵沿途叛逃殆尽。仓皇：匆促。

[18] 李存勖率部队返至洛阳城东的石桥时，十分狼狈悲伤，君臣相顾哭泣，部将元行钦等百余人拔刀断发，向天立誓，表示效忠。

[19] 抑：还是。

[20] 逸豫：逍遥游乐，不能居安思危。

[21] 忽微：极细小的东西。

"满招损，谦受益。"忧劳可以兴国，逸豫可以亡身[20]，自然之理也。故方其盛也，举天下豪杰莫能与之争；及其衰也，数十伶人困之，而身死国灭，为天下笑。夫祸患常积于忽微[21]，而智勇多困于所溺，岂独伶人也哉？作《伶官传》。

【导读】

这是一篇著名的史论。作者由后唐庄宗李存勖发愤图强，为父报仇，到骄纵享乐，身死国灭的经历，总结出国家盛衰主要取决于人事的结论，以此讽谏当朝统治者应引以为戒。不过，本文的价值并不仅止于此，文中所说的"忧劳可以兴国，逸豫可以亡身"，"祸患常积于忽微，而智勇多困于所溺"，以及引用的"满招损，谦受益"等，就发人深省，具有普遍的警示与教育意义。

归有光

归有光（1507—1571），字熙甫，号震川，昆山（今属江苏）人。嘉靖进士，官至南京太仆寺丞。他与王慎中、唐顺之、茅坤等人，推崇唐宋古文，主张为文要直抒胸臆，具有自家本色，反对一味拟古，被称为“唐宋派”。他的散文即事抒情，多关乎国事民生，兼及日常琐事，自然朴实，疏淡隽永。著有《震川先生集》。

项脊轩志

项脊轩[1]，旧南阁子也。室仅方丈[2]，可容一人居。百年老屋，尘泥渗漉[3]，雨泽下注；每移案[4]，顾视无可置者。又北向，不能得日，日过午已昏。余稍为修葺，使不上漏；前辟四窗，垣墙周庭[5]，以当南日；日影反照，室始洞然[6]。又杂植兰桂竹木于庭，旧时栏楯[7]，亦遂增胜[8]。借书满架，偃仰啸歌[9]，冥然兀坐[10]，万籁有声；而庭阶寂寂，小鸟时来啄食，人至不去。三五之夜，明月半墙，桂影斑驳，风移影动，珊珊可爱[11]。

然余居于此，多可喜，亦多可悲。先是庭中通南北为一。迨诸父异爨[12]，内外多置小门墙，往往而是[13]。东犬西吠，客逾庖而宴，鸡栖于厅。庭中始为篱，已为墙，凡再变矣。家有老妪，尝居于此。妪，先大母婢也[14]，乳二世[15]，先妣抚之甚厚[16]。室西连于中闺[17]，先妣尝一至。妪每谓余曰："某所，而母立于兹。"[18]妪又曰："汝姊在吾怀，呱呱而泣；娘以指叩门扉曰：'儿寒乎？欲食乎？'吾从板外相为应答。"语未毕，余

【注释】

[1] 轩：窗，引申为有窗的小室。

[2] 方丈：一丈见方。

[3] 尘泥渗漉：渗，透过。漉，漏下。

[4] 案：几案，桌子。

[5] 垣墙周庭：用矮墙把院子四周围住。

[6] 洞然：透明敞亮。

[7] 栏楯（shǔn）：栏杆。

[8] 增胜：增添了光彩。

[9] 偃仰：俯仰。

[10] 冥然兀坐：默默地端坐。

[11] 珊珊：舒缓优美的样子。

[12] 诸父：伯父、叔父。异爨（cuàn）：各起炉灶，意即分家。

[13] 往往而是：到处都是这样。

[14] 先大母：已去世的祖母。

[15] 乳：哺育。二世：指作者和他的父亲两代。

[16] 先妣：已去世的母亲。

[17] 中闺：妇女居住的内室。

[18] 而：你。

泣，妪亦泣。余自束发，读书轩中[19]，一日，大母过余曰："吾儿，久不见若影[20]，何竟日默默在此，大类女郎也？"比去[21]，以手阖门，自语曰："吾家读书久不效，儿之成，则可待乎！"顷之，持一象笏至[22]，曰："此吾祖太常公宣德间执此以朝[23]，他日汝当用之！"瞻顾遗迹，如在昨日，令人长号不自禁。

轩东，故尝为厨，人往，从轩前过。余扃牖而居[24]，久之，能以足音辨人。轩凡四遭火，得不焚，殆有神护者。

项脊生曰："蜀清守丹穴[25]，利甲天下，其后秦皇帝筑女怀清台；刘玄德与曹操争天下，诸葛孔明起陇中。方二人之昧昧于一隅也[26]，世何足以知之，余区区处败屋中[27]，方扬眉瞬目[28]，谓有奇景。人知之者，其谓与坎井之蛙何异？"

余既为此志，后五年，吾妻来归，时至轩中，从余问古事，或凭几学书。吾妻归宁[29]，述诸小妹语曰："闻姊家有阁子，且何谓阁子也？"其后六年，吾妻死，室坏不修。其后二年，余久卧病无聊，乃使人复葺南阁子，其制稍异于前[30]。然自后余多在外，不常居。

[19] 束发：古人以十五岁为成童之年，把头发束起来盘到头顶上。

[20] 若：你。

[21] 比去：等待离开时。

[22] 象笏（hù）：象牙制的手板。古代品位较高的官员朝见君主时所执，供指画和记事。

[23] 太常公：指夏昶，字仲昭，明成祖永乐年间进士，官太常寺卿，是作者祖母的祖父。宣德：明宣宗年号（1426—1435）。

[24] 扃牖（jiōngyǒu）：扃，关闭。牖，窗户。

[25] 蜀清守丹穴：古代四川一位名叫清的寡妇。丹穴：出产朱砂的矿穴。

[26] 昧昧：光线暗弱不明，这里指默默无闻。一隅：一个角落。

[27] 区区：渺小的样子。

[28] 扬眉瞬目：扬起眉毛，转动眼睛，形容神采飞扬。

[29] 归宁：已婚女子回娘家看望父母。宁：向父母请安。

[30] 制：格式。

庭有枇杷树，吾妻死之年所手植也，今已亭亭如盖矣。

【导读】

本文以项脊轩的变迁为线索，将与之相关的亲人琐事有机地融合在一起，抒写了对家庭兴衰的深沉感慨和对祖母、母亲、妻子的深切怀念。作者所写的虽然只是家常琐事，但是感物怀人，情深意长，文笔清丽流转，读之令人感叹唏嘘，诚如明人王锡爵在《归公墓志铭》中所说："所为抒写怀抱之文，温润典丽，如清庙之瑟，一唱三叹。无意于感人，而欢愉惨恻之思，溢于言语之外。"

李文炤

李文炤（1672—1735），字元朗，号恒斋，湖南善化（今长沙）人。康熙五十二年（1713）中举，授谷城教谕，未赴任。康熙五十六年（1717）任岳麓书院山长。潜心程朱之学，通晓经史百家等，是清代著名经学家。著有《周礼集传》《家礼拾遗》《春秋集传》《中庸讲义》《恒斋文集》《道德经释》等。

勤训

治生之道[1]，莫尚乎勤[2]。故邵子云："一日之计在于晨，一岁之计在于春，一生之计在于勤。"言虽近，而旨则远矣[3]。

无如人之常情[4]，恶劳而好逸：甘食褕衣[5]，玩日愒岁[6]。以之为农，则不能深耕而易耨[7]；以之为工，则不能计日而效功[8]；以之为商，则不能乘时而趋利；以之为士，则不能笃志而立行；徒然食息于天地间，是一蠹耳[9]！

夫天地之化，日新则不敝，故户枢不蠹，流水不腐[10]，诚不欲其常安也。人之心与力，何独不然？劳则思，逸则忘，物之情也。大禹之圣，且惜寸阴；陶侃之贤，且惜分阴，又况圣贤不若彼者乎？

【注释】

[1] 治生之道：谋生的方法。

[2] 莫尚乎勤：没有比勤劳更重要的了。

[3] 近：浅近。旨：意义。

[4] 无如：无奈。

[5] 甘食褕（yú）衣：喜吃美味佳肴，爱穿锦衣华服。褕：华美。

[6] 玩日愒（kài）岁：游手好闲，虚度光阴。愒：荒废。

[7] 深耕而易耨（nòu）：把地耕深，把草锄尽。

[8] 效：显示。

[9] 蠹（dù）：蛀虫。

[10] 户枢不蠹，流水不腐：转动的门轴不会被虫蛀，流动的水不会腐臭。

【导读】

这篇文章生动地阐述了勤奋的重要性。文章开宗明义，提出"治生之道，莫尚乎勤"这一中心论点，并引用先贤名言作为佐证；接着，从反面论证，指出好逸恶劳乃是人之常情，懒散之人对于农、工、商、士，皆有害无益；然后，又从正面说理，阐明"勤"的重要性；文末，则举圣贤珍惜光阴为例，劝勉人们要争分夺秒，勤学苦练。

龚自珍

病梅馆记

江宁之龙蟠[1]，苏州之邓尉[2]，杭州之西溪，皆产梅。或曰：“梅以曲为美，直则无姿；以欹为美[3]，正则无景；以疏为美，密则无态。”固也[4]。此文人画士，心知其意，未可明诏大号以绳天下之梅也[5]；又不可以使天下之民斫直[6]，删密，锄正，以夭梅病梅为业以求钱也[7]。梅之欹之疏之曲，又非蠢蠢求钱之民能以其智力为也。有以文人画士孤癖之隐明告鬻梅者[8]，斫其正，养其旁条，删其密，夭其稚枝，锄其直，遏其生气，以求重价，而江浙之梅皆病。文人画士之祸之烈至此哉！

予购三百盆，皆病者，无一完者。既泣之三日，乃誓疗之：纵之顺之，毁其盆，悉埋于地，解其棕缚[9]；以五年为期，必复之全之。予本非文人画士，甘受诟厉[10]，辟病梅之馆以贮之。

呜呼！安得使予多暇日，又多闲田，以广贮江宁、杭州、苏州之病梅，穷予生之光阴以疗梅也哉！

【注释】

[1] 江宁：旧江宁府所在地，在今江苏南京。龙蟠：龙蟠里，在今南京清凉山下。

[2] 邓尉：山名。在今江苏苏州西南。

[3] 欹（qī）：倾斜。

[4] 固也：本来如此。

[5] 明诏大号：公开宣告，大声号召。绳：衡量，约束。

[6] 斫（zhuó）：砍削。

[7] 夭梅病梅：摧折梅，把它弄成奇形怪状的病态。

[8] 孤癖之隐：隐藏于心的特殊嗜好。鬻（yù）：卖。

[9] 棕缚：棕绳的束缚。

[10] 诟（gòu）厉：讥评，辱骂。

【导读】

盆景，本来是一种以植物和山石为基本材料，在盆内塑造自然景观，表现人的审美意趣的艺术品。盆景艺术在中国源远流长，至清代盛极一时。当时，江浙人在以梅树制作盆景时，以欹、疏、曲为美，为此对梅树或砍、或删、或锄，务使其呈现一种病态之美。龚自珍睹物生情，产生联想，于是借题发挥、托梅议政，以梅树遭受人为的摧残，来影射封建专制主义束缚人的自然本性、戕害人才的罪行，表现他渴望破除封建专制束缚，追求个性自由解放的政治主张。

后记

开展中华经典诵读，传承发展中华优秀传统文化，培育和践行社会主义核心价值观，落实立德树人根本任务，是高校的重要使命。大约10年前，广州大学根据教育部、国家语言文字工作委员会关于在学校开展“中华诵·经典诵读行动”试点工作的通知精神，开始在全校范围内开展中华经典诵读活动。当时为了配合经典诵读活动的开展，我们编选了诗词曲赋文经典作品100种，形成《中华经典诵读选本》，2010年在高等教育出版社出版。当时，我们编选经典时主要考虑它们是否体现了家国责任感和历史使命感，是否有现实的人文关怀，是否有启迪人生的价值，是否有较高的审美文化品位与独特的审美文化魅力等。

2012年以后，习近平就中华优秀传统文化的传承发展发表了系列重要讲话。中共中央办公厅、国务院办公厅专门发布了《关于实施中华优秀传统文化传承发展工程的意见》。通过深入学习，我们提高了思想认识，觉得有必要对之前编辑出版的《中华经典诵读选本》重新修订。在修订过程中，我们自觉地以习近平中华优秀传统文化观为指导思想，以传承中华优秀传统文化为使命，以是否有助于培养社会主义核心价值观为标准，在旧本的基础上，更换了大部分作品，重新送编了诗词曲赋文上百篇。每篇作品包括“典籍或作者简介”“原文”“注释”“导读”四个部分，简介、注释、导读文字力求简明扼要。另外，为了赏心悦目，出版社还精心选配了部分插图。我们希望这部新《选本》，能在大学生的中华经典诵读活动中更好地发挥作用。

《选本》是本编委会共同策划努力的结果，屈哨兵负责全书的策划、赋的编选与序言的撰写；纪德君负责篇目修订、部分诗文编选以及书稿审订。吴晟负责诗歌编选、曾大兴负责词曲编选、杜玉俭负责部分古文编选。《选本》原文都是根据较权威的版本进行选录的，由和丹丹负责校对。如果此项工作有什么疏漏、失当，当由本《选本》的编者负责。为了帮助大家习诵，我们还会在广州大学的网站上开发多样化的经典教育资源，希望不断拓展中华经典诵读的空间。

《中华经典诵读选本》编委会

2018年12月5日

图书在版编目（C I P）数据

中华经典诵读选本 / 屈哨兵主编. -- 北京：高等教育出版社, 2019.8（2023.2重印）
ISBN 978-7-04-052281-5

Ⅰ. ①中… Ⅱ. ①屈… Ⅲ. ①中华文化-高等学校-教材 Ⅳ. ①K203

中国版本图书馆CIP数据核字(2019)第150256号

Zhonghua Jingdian Songdu Xuanben

策划编辑 洪世英
责任编辑 洪世英
书籍设计 王凌波
责任校对 马鑫蕊
责任印制 耿 轩

出版发行 高等教育出版社
社 址 北京市西城区德外大街4号
邮政编码 100120
购书热线 010-58581118
咨询电话 400-810-0598
网 址 http://www.hep.edu.cn
http://www.hep.com.cn
网上订购 http://www.hepmall.com.cn
http://www.hepmall.com
http://www.hepmall.cn

印 刷 河北信瑞彩印刷有限公司
开 本 787mm × 1092mm 1/16
印 张 17.25
字 数 280千字
版 次 2019年8月第1版
印 次 2023年2月第4次印刷
定 价 38.60元

本书如有缺页、倒页、脱页等质量问题，请到所购图书销售部门联系调换。

物 料 号 52281-00